DAS RIZZO-KONZEPT ▪ Sabrina Rizzo

SABRINA RIZZO

BOOKS4SUCCESS

DAS RIZZO KONZEPT

Was Sie
wissen müssen,
um Menschen
zu durchblicken

5. Auflage 2024

Gestaltung Cover: Daniela Freitag
Gestaltung und Satz: Sabrina Slopek
Coverfoto: Stefanie Crum_Photography
Icons: Wikipedia, Sabrina Rizzo
Vorlektorat: Christoph Landgraf, Claus Rosenkranz
Korrektorat: Elke Sabat
Druck: CPI books GmbH, Leck, Germany

ISBN 978-3-86470-848-0

Bibliografische Information der Deutschen Nationalbibliothek:
Die Deutsche Nationalbibliothek verzeichnet diese Publikation in der Deutschen Nationalbibliografie; detaillierte bibliografische Daten sind im Internet über <http://dnb.d-nb.de> abrufbar.

BÖRSEN MEDIEN
AKTIENGESELLSCHAFT

Postfach 1449 • 95305 Kulmbach
Tel: +49 9221 9051-0 • Fax: +49 9221 9051-4444
E-Mail: buecher@boersenmedien.de
www.books4success.de
www.facebook.com/plassenverlag
www.instagram.com/plassen_buchverlage

DISCLAIMER

Alle in diesem Buch erwähnten (Kriminal-)Fälle gab es tatsächlich, die beschriebenen Personen, Orte und Zeitangaben wurden jedoch verfremdet, manchmal auch der Ablauf verändert. Sollten Sie als Leserin und Leser Parallelen feststellen, ist das rein zufällig. Alle Namen sind frei erfunden. Eine große Ausnahme bildet der Fall von Stephanie D., der im Buch an unterschiedlichen Stellen auftaucht und wo alle Beschreibungen den Tatsachen entsprechen. Hierfür habe ich mir vorab die Freigabe vom zuständigen Staatsanwalt eingeholt.

Mit dem Rizzo-Konzept erhebe ich nicht den Anspruch von Wissenschaftlichkeit. Selbstverständlich benenne ich meine Quellen, von denen einige, aber nicht alle aus wissenschaftlichen Bereichen wie der Psychologie, der Soziolinguistik oder der Neurologie stammen. Ein Großteil meines Konzepts basiert jedoch auf meinen eigenen empirischen und qualitativen Erhebungen aus über zehn Jahren erfolgreicher beruflicher Erfahrung.

Last, but not least, jedem, dem ich einmal im Wartezimmer ein Taschentuch gereicht, ein Kompliment gemacht oder einen anderweitigen Gefallen getan haben sollte: Sie fragen sich nach der Lektüre meines Buches wahrscheinlich, ob ich ehrlich zu Ihnen war. Lassen Sie mich eines sagen: Überzeugen macht umso mehr Spaß, wenn man dabei authentisch bleibt! Sie dürfen die Komplimente also gern weiterhin für sich verbuchen.

Dieses Buch widme ich allen starken Frauen, die mein Leben begleitet und mich inspiriert und geprägt haben.

INHALT

VORWORT

Es ist Samstagmorgen und mein Telefon läutet, als ich gerade in meinem Arbeitszimmer über Vernehmungsprotokollen der Kripo sitze. Wie so oft beginnt mein Tag auf die eine Weise und verläuft dann völlig anders als geplant – etwas, das ich an meinem Job liebe. Nach dem dritten Klingeln hebe ich ab. Am anderen Ende der Leitung ist ein ehemaliger Kunde, der ein Seminar für seine Mitarbeitenden bei mir gebucht hatte. Er klingt sehr aufgeregt, aber auch etwas genervt und berichtet: „Frau Rizzo, ich benötige Ihre Hilfe. Einer meiner Mitarbeiter erhält anonyme Briefe aus der Belegschaft. Darin wird ihm gedroht, er solle das Unternehmen freiwillig verlassen, sonst passiere ihm etwas ... Ich verstehe das einfach nicht! Wir hatten zwar in der Vergangenheit schon einmal Mobbing-Probleme, aber ehrlich gesagt kann ich mir nicht vorstellen, dass jemand aus meinem Team diese Zeilen geschrieben haben könnte. Vielleicht ist es eine wichtige Information für Sie, dass ich bereits eine Kollegin ins Vertrauen gezogen habe. Doch wir beide können uns nicht vorstellen, wer zu solchen Drohungen fähig sein könnte. Und dann sind Sie mir eingefallen. Sie sind doch auf Täteranalyse spezialisiert. Können Sie uns beraten, wie wir am besten vorgehen, ohne in der Belegschaft zu viel Staub aufzuwirbeln?“ Ich nehme den Auftrag an und bitte den Klienten, mir sowohl die Drohbriefe als auch wichtige Fotos der infrage kommenden Personen zuzuschicken – ein Bild des Mobbing-Opfers sowie Bilder der mutmaßlichen Briefverfasser. Keine 15 Minuten später pingt es in meinem Posteingang. Ein kurzer Blick auf die Fotos auf meinem Bildschirm genügt und mir schwant, was da los ist. Doch bevor ich meinen Klienten darüber informiere, gilt es, hieb- und stichfeste Beweise zu sammeln.

In diesem Buch werden Sie nicht nur erfahren, was Profiling ist und wie dieser Fall ausging, ich werde Ihnen auch aufzeigen, wie Sie eigene „Fälle“ lösen können. Anhand meines Rizzo-Konzepts werden Sie lernen, Verhaltensweisen von Menschen vorherzusehen und somit in jeder Verhandlung argumentativ einen Schritt schneller zu sein als Ihr Gegenüber. „Fälle“ gibt es mehr als genug in Ihrem Alltag, auch wenn sie nicht immer so dramatisch daherkommen wie in Form eines bedrohten Mitarbeiters. Wir alle werden permanent mit Wahrheit und Lügen konfrontiert. Wäre es nicht gut, wenn Sie dazwischen treffsicher unterscheiden und dadurch Ihre Handlungsoptionen erweitern könnten? Wie tickt mein Gegenüber? Kann ich Menschen lesen und sie auf Grundlage dessen überzeugen? Ja, das können Sie!

Der englische Begriff Profiling ist Ihnen vielleicht schon das eine oder andere Mal in Kriminalromanen oder Fernsehthrillern begegnet. Beim Profiling geht es zunächst einmal um das Zusammentragen von Informationen über eine Person, um diese zu analysieren und daraus ein Persönlichkeitsbild zu erstellen. Nicht zu verwechseln ist der Beruf des Profilers mit dem von Fallanalytikerinnen und -analytikern, die durch Informationssuche an Tatorten einen Modus Operandi ableiten und damit ein Täterprofil erstellen. Profiler hingegen gehen nicht an Tatorte. Ihre Arbeit schließt an die der Fallanalytikerinnen und -analytiker an. In meinem beruflichen Alltag heißt das konkret, dass Mordkommissionen mit einer bereits tatverdächtigen Person auf mich zukommen. Dann ist mein Können gefragt: Ich erstelle eine Verhandlungs-

und Verhaltensstruktur für die Vernehmung. Die Methode, die ich dafür verwende, können Sie adaptieren und für alle Arten von Verhandlungen nutzen. Mein Rizzo-Konzept lässt sich auf eine Gehaltsverhandlung ebenso anwenden wie auf die Akquise eines neuen Auftrags. Oder vielleicht befinden Sie sich im Gespräch mit Ihrer besten Freundin, der Sie klarmachen möchten, dass ihr neuer Freund kein guter Mensch ist, allerdings wollen sie die Freundschaft nicht gefährden. Auch hier greift mein Konzept.

In jeder Situation, in der Menschen zusammenkommen, sind wir Einigungsgesprächen und -prozessen ausgesetzt. In der Partnerschaft, im Privaten auf einer Feier oder eben im Job – immer wieder begegnen uns Personen, deren Verhalten wir schwer einordnen können und die uns in ihrer Kommunikation überraschen, überrumpeln oder gar unterbuttern. Wie wäre es, wenn Sie erkennen könnten, ob jemand die Unwahrheit sagt? Flunkert mein Kind mich gerade an oder ist es einfach nur aufgeregt, weil der große Mathetest bevorsteht? Will meine Kollegin eine gute Zusammenarbeit fördern oder manipuliert sie mich gerade? Kann ich meinen Verhandlungsspielraum mit dem Autoverkäufer noch etwas ausdehnen oder scheitert dann eventuell der Deal? Menschen zu lesen und Gespräche so zu steuern, dass sie zielführend sind, ist für jeden erlernbar: mit dem Rizzo-Konzept.

Dieses Buch ist kein Ratgeber zur Psychoanalyse und auch keine 329. Anleitung für strategische Gesprächsführung. Verhandlungsbücher gibt es zuhauf. Was mir in diesen Büchern allerdings immer fehlt, ist das individuelle Eingehen auf die Gesprächspartnerinnen und -partner. „Wie auch, wenn es doch individuell ist?", werden Sie sich jetzt fragen. Ganz einfach: In diesem Buch stelle ich Ihnen die wichtigsten Verhandlungstypen vor. Wenn Sie diese genau kennen und damit ihr Verhalten in Verhandlungen vorhersehen können, sind Sie bei „individuell" angekommen. Das Rizzo-Konzept unterstützt Sie dabei, Ihre Mitmenschen in ihrer Komplexität wirklich wahrzunehmen, auf ihre jeweilige Situation, aber auch ihre Prädispositionen einzugehen und dadurch bewusster mit ihnen zu kommunizieren. Es wird Ihnen bei der Einstellung neuer Mitarbeitenden helfen, in Konflikten mit Freundinnen und Freunden oder eben auch bei der Vernehmung verdächtiger Personen.

Einer der wichtigsten Bestandteile des Rizzo-Konzepts ist die nonverbale Kommunikation. Leider polarisiert dieses Thema hierzulande immer noch sehr stark und Profiling hat im deutschen Rechtssystem bei vielen einen schlechten Ruf. Das ist äußerst bedauerlich, denn bei der Wahrheitsfindung ist eine professionelle Täteranalyse nicht nur ein „Nice to have". Ganz im Gegenteil, das korrekte Erfassen von Körpersprache und Mimik ist in meinem Job ein absolutes „Must-have". Auf Kongressen und Seminaren stoße ich immer wieder auf Menschen, die mit diesem Thema bisher überhaupt nichts oder nur wenig zu tun hatten. Vielleicht ist ihnen hier und da mal ein Tipp in Sachen Körpersprache untergekommen, doch spätestens beim Thema Mikroexpressionen – dem Erkennen kleinster Ausdrücke im Gesicht – stößt ihr Vorwissen an Grenzen. Die Assoziation von Profiling mit US-amerikanischen Fernsehserien verleiht dem Ganzen zudem einen Hauch von Fiktion. Daher erlebe ich es in meinem beruflichen Alltag leider immer wieder, dass Kolleginnen und Kollegen diesen wissenschaftlich belegten Arbeitsansatz diskreditieren und infrage stellen.

So erging es mir auch vor einer Weile, als ich zu Fortbildungszwecken das juristische Seminar eines Richters besuchte. Ich hatte mich sehr auf die Teilnahme gefreut. Mein Interesse an dem Know-how und der Sichtweise einer fachkundigen Person, die im wahrsten Sinne des Wortes auf der anderen Seite der Wahrheitsfindung sitzt, war überaus groß. Pünktlich zum Seminarstart war mein Laptop aufgeschlagen, Schreibblock und Stift lagen parat, ich war bereit. Umso größer war die Enttäuschung, als mir klar wurde, dass der Referent mein Fachgebiet in einer Art Slapstick-Darbietung durch den Kakao zog und unverhohlen als „Nonsens" bezeichnete. Ich war entsetzt: Er stellte seine Meinung zum Thema nonverbale Kommunikation als allgemeingültig und als alleinige Wahrheit dar. Sein Verhalten war nicht nur unangemessen und unprofessionell, sondern auch all jenen gegenüber unfair, die die Kriminalitätsbekämpfung in Deutschland im Bereich der Täteranalyse kompetent und erfolgreich unterstützen. Selbstverständlich kann und darf eine richterliche Entscheidung nicht auf einer Bewegung eines Angeklagten oder einer Zeugin beruhen. Genauso klar ist es, dass es bei der Urteilsfindung auf Fakten ankommt. Das versteht sich von selbst. Doch gilt es zu differenzieren! Professionelles Profiling ist eine Bereicherung, keine Behinderung des Rechtssystems. Korrekt eingesetzt führt es auf direktem Wege zu Geständnissen und gesicherten Zeugenaussagen – also zu jenen Elementen, die vor Gericht verwertbar, weil belastbar sind. Das Seminar des Kollegen musste ich leider nach einer Stunde verlassen.

Mit diesem Buch möchte ich unter anderem erreichen, dass die Skeptikerinnen und Skeptiker unter Ihnen fundiertes Fachwissen an die Hand bekommen, um sich so eine differenzierte Meinung bilden zu können. In meiner Karriere durfte ich trotz allem auch immer wieder erleben, wie die professionelle Zusammenarbeit aller Beteiligten am Ende zur Wahrheitsfindung führte. Dazu lade ich Sie als Polizistin und Polizist, Anwältin und Anwalt, Richterin und Richter herzlich ein.

Dieses Buch ist jedoch nicht nur für Leute vom Fach gedacht. Es ist ein Ratgeber für all jene, die eine Verhandlungstechnik lernen möchten, mit der sie ihr Gegenüber situativ gezielt überzeugen können. Dazu gehört es vor allem auch, die Gefühle Ihrer Verhandlungspartnerinnen oder -partner einschätzen zu können. Eigentlich sind wir alle mit der Fähigkeit ausgestattet, Emotionen bei anderen zu erkennen. Zeigt eine Konkurrentin oder ein Konkurrent Wut, dann signalisiert uns das – in evolutionärer Hinsicht – eine mögliche Gefahr. Es gilt, darauf reagieren zu können. Doch diese natürliche Beobachtungsgabe ist uns in unserer modernen Zeit abhandengekommen. Schlechte Schauspielerei im Fernsehen erzeugt bei uns ein falsches Verständnis davon, wie Wut, Trauer, Überraschung oder Freude aussehen. Fehlende Mikroexpressionen in unzureichend gecasteten TV-Gesichtern lassen somit unsere

Gabe verkümmern, unser Gegenüber richtig einzuschätzen. Immer wieder darf ich in meinem beruflichen Kontext als Verhandlungs- und Verhaltensexpertin Menschen in ganz unterschiedlichen Kommunikationssituationen begleiten. Sei es bei Vernehmungen der Kriminalpolizei, bei Schulungen im Wirtschaftsunternehmen oder bei der Unterstützung von Verhandlungen innerhalb der Familie: Alle Parteien machen immer den gleichen entscheidenden Fehler. Sie beobachten ihre Gesprächspartnerin oder ihren Gesprächspartner nur teilweise und vernachlässigen wichtige Details. Nicht minder verheerend – im entscheidenden Moment schauen sie nicht richtig hin. Die gute Nachricht ist, dass Sie diese Fähigkeit wiedererwecken können. Darüber hinaus liefern Ihnen die vielen unterschiedlichen Kommunikationskanäle Ihrer Gesprächspartnerinnen oder -partner – korrekt gelesen – wichtige Informationen. Diese wiederum können dann als eine Überzeugungsgrundlage dienen. Dafür braucht es aber nicht nur die genaue Kenntnis Ihrer Mitmenschen, sondern auch „Hebel und Werkzeuge", um Unwahrheiten zu entlarven und die erhaltenen Informationen gezielt für die weitere Gesprächsführung einzusetzen. Was diese Hebel und Werkzeuge sind und aus welchen Bausteinen das Rizzo-Konzept besteht, erfahren Sie im Folgenden.

EINLEITUNG – GRUNDSÄTZLICHES

Erfolg in Verhandlungen ist kein Zufallsprodukt, sondern die Summe aus dem Dechiffrieren der Persönlichkeit, dem Wahrnehmen von Reaktionen und der richtigen Kombination von Timing und gezielten Aktionen. Hierfür habe ich ein Konzept entwickelt, das aus vier Bausteinen besteht. Diese vier Bausteine werde ich Ihnen in den folgenden Kapiteln detailliert darlegen. Kapitel 1 beginnt mit dem ersten Baustein, der das Erkennen von Emotionen umfasst: Was sagen uns Mimik (Kapitel 1.1), Körpersprache (Kapitel 1.2) und Stimme (Kapitel 1.3) einer Person über ihre Gefühlslage? Die unterschiedlichen Kommunikationskanäle spielen hier eine wichtige Rolle. Ihnen werden wir uns in diesem ersten Kapitel daher besonders intensiv widmen. Neben Worten, Makroexpressionen und Stimme zählen dazu auch Mikroausdrücke und die Signale des autonomen Nervensystems (Kapitel 1.4) wie Pupillenerweiterung, Schwitzen oder die Rötung einzelner Hautareale. Ein weiterer Hinweisgeber zu Emotionen ist die Kongruenz zwischen den gerade benannten Kanälen. Auch darauf möchte ich im ersten Kapitel näher eingehen, denn wenn sich diese widersprechen, liegt uns ein Lügenindiz vor. Verneint Ihr Mitarbeiter mit fester Stimme den Griff in die Portokasse, fängt dabei aber fürchterlich zu schwitzen an, könnte das ein Hinweis auf eine Unwahrheit sein. Vielleicht ist ihm aber einfach nur zu warm, weil die Klimaanlage ausgefallen ist? Das gilt es dann im weiteren Verlauf des Gesprächs herauszufinden.

In Kapitel 2 folgt der zweite Baustein, bei dem es darum geht, überzeugen zu können. Dazu müssen wir unser Gegenüber besser verstehen. Hier hilft uns die Persönlichkeitsstruktur, die wir in Kapitel 2.1 anhand der drei Menschentypen-Grundformen menschenorientierter Typ, erfolgsorientierter Typ und rational orientierter Typ analysieren. Des Weiteren ziehen wir in Kapitel 2.2 entwicklungspsychologische Aspekte zurate und verschaffen uns einen Überblick über die zehn wichtigsten Persönlichkeitsstörungen. Wir werden uns Fragen anschauen wie: Mit welcher neurologischen Prägung ist meine Gesprächspartnerin auf die Welt gekommen? Zu was für einer Person hat sie sich durch Erziehung und Umwelt entwickelt? Das können wir herausfinden, indem wir in einem entspannten Zustand zuerst ihr Normalverhalten dechiffrieren. Dieses Normalverhalten nennt sich die Baseline, im Polizeijargon die sogenannte Nulllinie. Verändert sich die Baseline bei kritischen Fragen, verrät uns das, welche Überzeugungshebel und Überzeugungstechniken aus Kapitel 2.3 bis 2.5 wir in der Folge einsetzen können. In diesem Rahmen werde ich Ihnen die sechs Prinzipien des bekannten Sozialpsychologen Robert Cialdini vorstellen und Ihnen den Nutzen von Phänomenen und Effekten wie Heuristiken, Priming und Framing aufzeigen. Ein Beispiel: Wenn eine Täterin in ihrer Kindheit Probleme mit ihrer Mutter hatte, wird sie als Erwachsene vielleicht eine Rivalität Frauen gegenüber entwickeln und gleichzeitig nach Anerkennung streben. Beobachten wir nun solch einen Hunger nach Anerkennung in einem Gespräch, dann schlüpfen wir, plakativ gesprochen, bei diesem in eine Rolle: Wir geben der Person die Anerkennung, die sie früher nicht bekommen hat. Dadurch füllen wir ein Defizit auf, wodurch die Verdächtige eher bereit ist, uns etwas zu geben – ein

Geständnis zum Beispiel. An dieser Stelle möchte ich betonen, dass dieses Szenario kein Klischee bedienen soll. Natürlich hatten nicht alle Täterinnen oder Täter immer eine schlechte Kindheit und nicht jede Mörderin oder jeder Mörder hat, salopp gesprochen, einen Mutter- oder Vaterkomplex. Trotzdem gibt es manchmal Parameter, die auf Kindheitsdefizite hinweisen. Inwiefern diese zur Tat beigetragen haben oder nicht, spielt überhaupt keine Rolle. Sie aber außer Acht zu lassen wäre fatal. Es geht allein darum, dass Sie ein gutes Vernehmungs- oder Verhandlungsergebnis erzielen. In unserem Beispiel ist uns das gelungen, indem wir durch genaues Beobachten Verhandlungsmasse erkannt haben, die vorher nicht klar war. Genau darum geht es beim zweiten Baustein meines Konzepts.

Hier schließt das Kapitel 3 mit dem dritten Baustein an, der daraus besteht, die Fragetechnik richtig zu beherrschen. Eine gute Gesprächsvorbereitung ist dafür unabdingbar. Anhand von drei wichtigen Regeln werden Sie in Kapitel 3.1 lernen, wie Sie künftig stets optimal vorbereitet in eine Verhandlung gehen. Außerdem werde ich Ihnen aufzeigen, wie Sie mit gezielten Fragen Impulse auslösen, die zu unmittelbaren Reaktionen bei Ihrem Gegenüber führen. In solchen Momenten sind meist Millisekunden entscheidend. Dann gilt es, unbedingt am Ball zu bleiben. Um welche Art von Reaktion handelt es sich? Wie ist diese zu bewerten? Welche Frage sollte ich als nächste stellen? Und welche auf keinen Fall? Mit welchen Worten sollte ich die Frage stellen? Es ist ein Unterschied, ob ich sage: „Sie lügen doch!" oder: „Ich habe das Gefühl, dass Sie Angst haben, mir die Wahrheit zu sagen." All diese Punkte werden wir uns im dritten Kapitel genauer anschauen. Zu einer cleveren Fragetechnik mit System gehört außerdem eine situativ relevante Rhetorik. Dafür werde ich Ihnen in Kapitel 3.2 zwei bedeutende Sprachmodelle und deren Einsatz in unterschiedlichen Verhandlungssituationen erläutern. In Kapitel 3.3 und 3.4 werden Sie erfahren, dass wir alle bewusst oder unbewusst auf verschiedenen Ebenen kommunizieren und wie Sie diese Tatsache für sich nutzen können. Anschließend präsentiere ich Ihnen in Kapitel 3.5 sechs Techniken für eine zielführende Sprache, denn das geschickte Anwenden sprachlicher Tricks wird Ihre Position in jedem Gespräch stärken. Den Abschluss des dritten Kapitels bildet das Sonderfeld der forensischen Linguistik (Kapitel 3.6). An dieser Stelle sei erwähnt, dass ich Ihnen sowohl in Kapitel 2 als auch in Kapitel 3 meine erfolgreichsten Tipps und Kniffe verrate. Gern können Sie schon einmal vorblättern und dort etwas schmökern. Generell empfehle ich Ihnen aber, mein Buch chronologisch zu lesen, weil die einzelnen Teile des Rizzo-Konzepts ineinandergreifen und nicht immer getrennt voneinander betrachtet werden können.

Der vierte und letzte Baustein des Konzepts beinhaltet die Wahrheitsfindung und das Entlarven von Lügen. Sie haben es satt, sich von anderen Menschen manipulieren zu lassen? Sie wollen den Blendern und Charmeuren aus der Dating-App gar nicht erst auf den Leim gehen? Oder Sie verdächtigen Ihre Partnerin oder Ihren Partner des Fremdgehens? In Kapitel 4 beschäftigen wir uns damit, wie wir die Glaubwürdigkeit der uns gegenübersitzenden Person überprüfen können. Zeichen in Körpersprache und Mimik wie zum Beispiel Augenzugangshinweise[1], aber auch die bereits erwähnten Lügenindizien und das Dechiffrieren der Sprache führen uns im Rahmen des vierten Konzeptbausteins auf die richtige Spur. Dabei ist es nicht nur wichtig, Lügen zu erkennen (Kapitel 4.1), sondern ebenso die Wahrheit (Kapitel 4.2). In Kapitel 4.3 stelle ich Ihnen Cold-Case-Fälle als Königsklasse der Wahrheitsfindung vor.

In Kapitel 5 gebe ich Ihnen mit meiner Verhandlungsmatrix abschließend ein geniales Tool an die Hand. Dieses Tool fasst nicht nur alle Bausteine des Rizzo-Konzepts für Sie zusammen, es dient Ihnen auch als direkte Anwendungshilfe für Ihre künftigen Verhandlungen.

1

BAUSTEIN 1/4: EMOTIONEN ERKENNEN

Vor Kurzem hielt ich einen Vortrag bei einem Unternehmerforum der Sicherungsdienstleistungs-Branche, organisiert von der VBG, einer gesetzlichen Unfallversicherung. Interessant hierbei war, dass der Veranstalter vor und nach meinem Auftritt eine Umfrage durchführte. Die Frage lautete: Um wie viel Prozent erhöht sich Ihrer Meinung nach der positive Ausgang eines Konflikts mit dem Einsatz von Profiling beziehungsweise Facereading? Vor meinen Erläuterungen, die ich mit Informationsvideos unterlegte, tippte die Zuhörerschaft auf einen Einfluss von lediglich 30 Prozent. Nach meinem Vortrag änderte die Mehrheit der Befragten jedoch ihre Meinung. Sie gaben nun an, dass Profiling/Facereading den positiven Ausgang eines Konflikts um sagenhafte 80 bis 90 Prozent erhöhen kann. Sie merken also, es lohnt sich, genau hinzuschauen. An dieser Stelle ein Appell: Wenn Sie eine wichtige Frage stellen, dann sehen Sie die Person bei der Antwort an! Nur allzu gern wenden wir uns kurz ab, um uns beispielsweise ein Glas Wasser einzuschenken. Währenddessen stellen wir dem Kind die Frage, wie der Schultag war. Das Kind reagiert in der Hauptsache über die Mimik und wir erkennen diese nicht. Um Emotionen richtig zu deuten, reicht es nicht, allein auf die Worte unseres Gegenübers zu hören. Mindestens genauso wichtig sind Mimik, Körpersprache und Stimme.

1.1 Situative Mimik: Wenn uns unsere Emotionen ins Gesicht geschrieben stehen

Welche Gefühle kann der Mensch eigentlich zeigen? Der US-amerikanische Psychologe und Forscher Paul Ekman spezifizierte **sieben universell gültige Basisemotionen** und bewies damit die These von Evolutionsbiologe Charles Darwin, dass diese Emotionsdarstellungen im Gesicht kulturübergreifend sind und sich bei jedem Menschen auf die gleiche Weise zeigen. Es sind **Angst, Wut, Trauer, Freude, Ekel, Überraschung und Verachtung.**[2] Sie stehen uns wortwörtlich ins Gesicht geschrieben, wenn wir kommunizieren. Verachtung ist dabei übrigens einer der wichtigsten Gesichtsausdrücke. Wenn Sie Verachtung entdecken, wissen Sie, dass Ihre Gesprächspartnerin oder Ihr Gesprächspartner Ihre Meinung ablehnt und Sie noch weitere Überzeugungsarbeit zu leisten haben. Überraschung wiederum kann Ihnen unter anderem beim Enttarnen einer Lüge helfen und Wut kann ein Hinweis darauf sein, dass Sie mit Deeskalation in der Gesprächsführung besser vorankommen. Hier dürfen Sie ruhig auf Ihr Bauchgefühl hören, denn Bauchgefühl in Kombination mit Fachwissen führt zum Erkennen wichtiger Parameter, die Sie benötigen, um einen Menschen zu lesen. **Die Makro- und Mikroexpressionen des Gesichts** sind das A und O des Facereading. Ein Makroausdruck ist zum Beispiel das soziale Lächeln, das bewusst aufgesetzt wird. Sie alle kennen es: Der Supermarktangestellte nickt Ihnen zu und lächelt Sie freundlich an. Sie lächeln – unabhängig von Ihrer aktuellen Gefühlslage – zurück, weil es sich so gehört. Mikroausdrücke sind kurze, muskuläre Kontraktionen im Gesicht. Sie sind viel flüchtiger als Makroexpressionen und können nur schwer bewusst unterdrückt werden. Sie dauern in der Regel gerade einmal 125 bis 200 Millisekunden an. Ein kurzes Senken des Blickes oder ein nur für Sekundenbruchteile anhaltendes Stirnrunzeln zählen beispielsweise dazu. Sie sind immer einer der sieben Basisemotionen nach Ekman zuzuordnen.

1.2 Körpersprache und Proxemik: Stumm, aber vielsagend

In diesem Kapitel geht es mir nicht darum, typische körpersprachliche Hinweise aufzuzählen, die Ihnen mehr über eine Person verraten. Dazu gibt es bereits mannigfaltige und gute Literatur auf dem Markt. Vielmehr geht es auch in diesem Teil meines Buches darum, Ihnen relevante Informationen an die Hand zu geben, die sich auf das Aufdecken von Unwahrheiten konzentrieren. Die hier von mir zusammengetragenen Fakten stammen aus unterschiedlichen Quellen. Daraus wiederum habe ich neues Wissen generiert, das Sie in dieser Zusammenstellung in noch keinem anderen Buch finden. Es basiert auf meiner langjährigen Berufserfahrung und meiner Expertise aus vielfältigen Beratungseinsätzen.

Neben der **Mimik** verraten uns **Körpersprache** und **Proxemik** viel über unser Gegenüber. Proxemik (vom Lateinischen proximare = sich nähern) ist das nonverbale Verhalten in einem Raum. Sie unterliegt immer sozialen Normen und äußert sich zum Beispiel darin, wie viel Nähe oder Distanz eine Person zu ihren Mitmenschen sucht. Des Weiteren fallen Berührungen, Ausrichtung und die Verteilung im Raum darunter. Auch die Körpergröße kann dazu zählen, wenn jemand diese beispielsweise bewusst zur Einschüchterung nutzt oder optisch kleiner erscheinen will, um jemand anderen größer wirken zu lassen. Vielleicht haben Sie schon einmal davon gehört, dass Hollywood-Schauspielerin Nicole Kidman, als sie noch mit ihrem Kollegen Tom Cruise verheiratet war, auf dem roten Teppich stets Ballerinas statt der üblichen Stilettos tragen musste. Cruise ist mit einer Körpergröße von 1,70 Metern neun Zentimeter kleiner als seine Ex-Frau. Um vor den Kameras trotzdem eine gute – oder in diesem Fall große – Figur zu machen, ließ er andere nicht nur wortwörtlich kleiner wirken, sondern nutzte in der Vergangenheit angeblich auch Tricks wie spezielle Schuheinlagen und -sohlen, die ihn um bis zu zehn Zentimeter wachsen ließen. Ein wunderbares Beispiel für Proxemik. Auch wenn die Chefin ihrem Mitarbeiter auf die Schulter klopft oder der Hotelgast zur Reservierung ein Handtuch auf der Liege am Pool platziert, zählt das zum Raumverhalten.

Achten Sie stets darauf, ob **Körpersprache, Proxemik und Haltung** zu der aktuellen Situation passen. Bei einer Politikerin kann eine beständige, zugewandte Körperspannung souverän wirken und Vertrauen vermitteln. Ein Student, der bei einer Party mit der gleichen Haltung auftritt, könnte schnell überheblich rüberkommen und überspielt damit vielleicht eine Unsicherheit. Körpersprache äußert sich also situativ und ist nicht in Stein gemeißelt. Ein kleiner Tipp zum korrekten Erfassen der Körpersprache, man nennt es auch das Dechiffrieren einer Person: Körpersprache kennt nur zwei Zustände – Entspannung und Anspannung. Können Sie den Zustand zielsicher erkennen, ist das bereits die halbe Miete.

Lassen Sie es mich anhand eines Beispiels etwas konkreter formulieren: Stellen Sie sich vor, Sie beobachten Ihren Kollegen, mit dem Sie später noch ein wichtiges Gespräch führen wollen. Er unterhält sich gerade mit einer anderen Kollegin. Die beiden scheinen über ein angenehmes Thema zu sprechen, denn sie wirken entspannt. Sie stellen eine lockere Körperhaltung bei Ihrem Kollegen fest. Schauen Sie ganz genau hin und merken Sie sich, was Sie sehen! Lehnt sich Ihr Kollege in dieser entspannten Körperhaltung zurück? Bleibt er stabil stehen oder schlägt er im Sitzen die Beine übereinander? Lächelt er öfter als sonst oder ist sein Gesichtsausdruck gleichbleibend? Das alles sind Hinweise, die Ihnen später helfen werden. Denn so können Sie erkennen, was „normal" für seine Körpersprache ist und wo sich Abweichungen finden, die wiederum ein Lügenindiz sind. Einige Zeit später kommt es nun zu der Konversation mit Ihrem Kollegen, bei der es nicht nur um leichte Themen geht. Sobald es in die kritische Talk-Phase geht, rufen Sie die gespeicherten Informationen ab und erinnern sich daran, wie Ihr Kollege sich im entspannten Zustand verhält. Sie werden die eine oder andere Abweichung feststellen, denn für diesen Beispielfall gehen wir davon aus, dass Ihr Kollege sensible Unternehmensinformationen weitergegeben hat. In zwei Schritten: Was bedeutet das nun für Sie und Ihr eigenes Verhalten?

Schritt 1: Sie plaudern zunächst einfach nur so, um bei Ihrem Kollegen die entspannte Haltung hervorzurufen. Dann folgt **Schritt 2:** Sie schwenken schnell und scheinbar aus heiterem Himmel auf das kritische Thema um. Sie könnten so etwas sagen wie: „Haben Sie von dem Datenklau in der Firma gehört?" Beobachten Sie nun sehr genau! Bei einer unschuldigen Person werden Sie weiterhin Entspannung und eine lockere Körperhaltung feststellen – sofern sie weder direkt noch indirekt mit der Sache zu tun hat. Dennoch ist Vorsicht geboten. Sie sollten auf keinen Fall eine einzelne, spezifische Bewegung mit einer Emotion, wie beispielsweise Erbostheit, assoziieren. Das kann leicht danebengehen. Sollten Sie allerdings eine anhaltende Anspannung in der Körpersprache wahrnehmen, so haben Sie Ihr erstes Lügenindiz. Tritt diese Anspannung nun noch gekoppelt mit einem betonten Laissez-faire-Sprachstil auf, haben Sie Ihr zweites Lügenindiz. Denn hier widersprechen sich zwei Kommunikationskanäle – die Körpersprache und der verbale Ausdruck. Jackpot! Die Person vor Ihnen ist entweder schuldig oder kennt den Täter. Es gibt noch einen weiteren Trick, wie Sie Ihr Gegenüber relativ schnell verunsichern können. Dazu aber später mehr.

Lassen Sie nun nonchalant folgende Sätze fallen: „Oje, Herr Kollege, ich kann leider Körpersprache lesen. Aber machen Sie sich keine Sorgen. Ich sage niemandem etwas." Jetzt warten Sie ab und schauen ihn genau an! Ist er der Täter oder ein Mitwisser, wird er sehr unsicher werden. Ist er hingegen unschuldig, wird er mit Wut reagieren, weil Sie ihm die Tat unterstellen. Verwechseln Sie allerdings echte Wut nicht mit der gespielten Entrüstung einer schuldigen Person. Dabei hilft Ihnen das richtige Lesen der Emotionen – Sie erinnern sich noch an Kapitel 1.1? Ein weiteres Beispiel für situative Körpersprache sind die sogenannten Ankerpunktbewegungen. **Ankerpunkte** sind jene Körperteile, die uns in einer festen Position verankern. Wenn wir stehen, sind das die Füße am Boden, wenn wir sitzen, das Gesäß auf dem Sofa. Sind wir nervös, angespannt oder gestresst, bewegen sich diese Punkte – wir treten von einem Bein aufs andere oder rutschen unruhig auf dem Stuhl hin und her. Auch Wipp- und Kippelbewegungen verraten uns, dass bei unserem Gegenüber eine gewisse Anspannung herrscht, die gerade ein Ventil sucht. Diese Bewegung ist übrigens auch in der Lügenerkennung ein sehr wichtiger Hinweis.

Vielleicht etwas subtiler, aber nicht weniger wichtig sind **asymmetrische Körperreaktionen**. Asymmetrie in der Körpersprache sagt uns, dass eine Person unter anderem unsicher ist. Studien haben gezeigt, dass Menschen, die eine asymmetrische Gangart haben, eher Opfer von Überfällen werden. Die Täter gaben als Begründung ihrer Opferwahl oft an, dass die Person „komisch" lief – ein Zeichen für Asymmetrie. Die Stabilität in der Körperhaltung fehlte. Zeigt Ihr Gegenüber solch eine Asymmetrie, kann das also nicht nur auf eine physische, sondern auch auf eine aktuelle emotionale „Schieflage" oder Unsicherheit hinweisen. Dabei muss man natürlich unterscheiden: Selbstverständlich gibt es Menschen, die aufgrund von genetischen Defekten,

Unfällen, Krankheiten oder anderem eine asymmetrische Körpersprache aufweisen. Das ist zum Beispiel dann der Fall, wenn jemand ein künstliches Hüftgelenk hat. Diese Tatsache an sich dient uns noch nicht zur Emotionserkennung. Anders verhält es sich, wenn Ihr Gegenüber mit einer Schulter zuckt. Beidseitiges Schulterzucken ist ein körpersprachliches Signal dafür, dass jemand keine Ahnung hat. Wenn jemand jedoch nur mit einer Schulterseite zuckt, kann das durchaus für einen intensiven Gefühlszustand sprechen.

Ebenso nützlich für das richtige Einschätzen unserer Mitmenschen sowie für die eigene Überzeugungskraft ist der sogenannte **Carpenter-Effekt**. Der englische Arzt und Naturwissenschaftler William Benjamin Carpenter beschrieb bereits Mitte des 19. Jahrhunderts eine Gesetzmäßigkeit, wonach niemand eine Bewegung wahrnehmen kann, ohne diese in geringfügigem Maße mitzumachen. Das Beobachten oder auch nur die Vorstellung einer Bewegung verleitet uns zur Ausführung der gleichen Bewegung.[3] Je bildhafter und lebhafter sich jemand eine Situation vorstellt, desto stärker fällt die Bewegungsspiegelung aus. Typische Beispiele sind der mitbremsende Beifahrer im Auto, die Trainerin, die ihren Schützling beim Stabhochsprung beobachtet und gleichzeitig ganz leicht mit in die Höhe geht, oder – besonders süß – das Öffnen des eigenen Mundes, wenn wir Babys füttern. „Paranormale“ Phänomene wie Gläserrücken oder Wünschelrutengehen lassen sich mit dem Carpenter-Effekt gut erklären.

Auch in der **Hypnose** und beim **Mentalcoaching** macht man sich die physische Reaktion zunutze. Erinnert sich ein Klient beispielsweise an seinen letzten Urlaub mit Sonnenschein, Strandbesuch und Cocktails, so entspannt sich seine Muskulatur, seine Atmung vertieft sich und sein Herzschlag wird ruhiger. Das Urlaubsfeeling ist wieder da und kann als Ressource für andere Situationen genutzt werden. „Der Mensch ist das Produkt seiner Gedanken“, sagte einst der Philosoph Arthur Schopenhauer, ein Zeitgenosse Carpenters. Beide sollten recht behalten, denn in den 1990er-Jahren wurden ihre Aussagen durch die

Entdeckung der **Spiegelneuronen** durch den italienischen Neurophysiologen Giacomo Rizzolatti[4] belegt. „Spiegelneuronen sind bestimmte Nervenzellen im Gehirn, die aktiviert werden, wenn man eine Handlung durchführt, sie beobachtet oder auch nur über sie nachdenkt."[5] Darüber hinaus sind diese besonderen Nervenzellen für das Verstehen von Absichten, Sprachentwicklung, Imitation, Empathie und das Erkennen von Emotionen von Bedeutung.[6] Je mehr Spiegelneuronen jemand besitzt, desto empfindsamer ist er oder sie.

Diese Eigenheit des menschlichen Gehirns, die übrigens Primaten und Vögel mit uns gemein haben, gibt uns einen idealen Ansatzpunkt in Verhandlungen: Mit dem Wissen um den Carpenter-Effekt beziehungsweise Spiegelneuronen können Sie bei Ihrem Gegenüber Gefühle evozieren, denn nur wenn Sie Ihre Gesprächspartnerin oder Ihren Gesprächspartner emotional erreichen, gelingt es Ihnen, sie oder ihn zu überzeugen! Gehen Sie besonders angespannt und gestresst in eine Vernehmung, wird auch der Beschuldigte eine hohe Anspannung zeigen. Strahlen Sie stattdessen Ruhe und Gelassenheit aus, kann sich Ihr Gegenüber entspannen. Genauso wird die Person auch eine körpersprachliche Reaktion zeigen, wenn Sie Ihr Verhalten ganz plötzlich mitten in der Vernehmung oder im Gespräch ändern.

Der **somatische Marker** nach António Damásio ist ebenfalls eine sehr wichtige Information im Hinblick auf die Wahrheitsfindung. Die Hypothese der somatischen Marker (vom Griechischen soma = Körper) ist eine Theorie aus der Neurobiologie, die besagt, „dass alle Erfahrungen, die ein Mensch im Laufe seines Lebens macht, in einem emotionalen Erfahrungsgedächtnis gespeichert" werden. „Jede dieser Erfahrungen wird mit einer einfachen Bewertung ‚positiv, anstreben' oder ‚negativ, vermeiden' versehen und gespeichert." Dieses Erfahrungsgedächtnis beeinflusst unser Entscheidungsverhalten und äußert sich besonders über körperliche Reaktionen, die sogenannten somatischen Marker.[7] Wird eine Person mit Informationen konfrontiert, die sie emotional berühren, so versetzt sich ihr Körper innerhalb von circa 250 Millisekunden in ebendiesen somatischen Zustand und wandelt die akustische Information in ein körpersprachliches Signal um.

Anhand einer solchen körpersprachlichen Reaktion konnte ich in einer Vernehmung feststellen, dass der Täter sehr wohl wusste, wovon der Ermittler sprach. In diesem Fall war es der akustische Stimulus[8] des Kollegen von der Kripo, der das emotionale Erfahrungsgedächtnis des Beschuldigten aktivierte. Einen winzigen Moment später passierte es – ein somatischer Marker trat zum Vorschein: Die Hand des Beschuldigten zuckte für nur wenige Millisekunden. Es gab keinen anderen Anlass für den Tatverdächtigen, seine Hand zu bewegen. Während der vorhergehenden fünf Minuten hatte sie schwer und ruhig auf seinem Schoß gelegen und sich nicht geregt. Diese unterbewusste Bewegung machte nur Sinn, wenn es stimmte, was der Kollege vorgebracht hatte. Deshalb gab ich zu verstehen, dass uns nun ein körpersprachliches Geständnis vorlag. Die Ermittler konnten somit im weiteren Verlauf der Vernehmung sehr sicher und selbstbewusst auftreten. Das wiederum hatte Auswirkungen auf die Person, die vernommen wurde. Ihr war durch das Verhalten der Ermittler klar: „Die wissen wirklich, dass ich der Täter bin. Leugnen hat keinen Zweck."

An diesem Beispiel ist übrigens deutlich zu erkennen, was eine gute **Überzeugungsstrategie** ausmacht. Es geht nicht nur um solides Verhandeln, sondern Sie müssen auch das Verhalten aller Beteiligten mit einbeziehen. Als Verhandlungs- *und* Verhaltensexpertin achte ich deshalb immer auch auf mein eigenes Verhalten. Was teile ich meinem Gegenüber gerade nonverbal mit? Sind Sie in Ihrer eigenen Körpersprache unsicher, wird sich das an einer Inkongruenz in Ihren Kommunikationskanälen zeigen. Das erkennt Ihre Gesprächspartnerin oder Ihr Gesprächspartner ebenfalls. In jenem Fall traten die Ermittler jedoch selbstbewusst genug auf und zwei Stunden später erhielten wir das verbale Geständnis.

1.3 Der Ton macht die Musik: Was die Stimme über einen Menschen verrät

Was verrät uns die Stimme über einen Menschen? Man sagt nicht umsonst: „Der Ton macht die Musik“, denn es sind nicht nur Worte, mit denen wir Aussagen tätigen. Stimmlage und -melodie sind entscheidende Informationsträger, auf die Sie unbedingt achten sollten. **Die Stimme verrät immer bestimmte Emotionen.** Bin ich krank, müde oder in Trauer, spreche ich in einer eher tieferen Tonlage. Meine Stimme ist dann weniger energiegeladen. Bin ich hingegen fröhlich und unbeschwert, klingt meine Stimme heller und leichter – die Tonlage ist höher. Erinnern Sie sich an die Baseline? Die gibt es nicht nur in der Körpersprache oder der Mimik, sondern auch in der Stimme einer Person. Redet unsere Lebensgefährtin am Ende eines Arbeitstages anders als normalerweise, fragen wir uns automatisch, was da wohl los ist. Denn mit ihrer Stimme sind wir so vertraut, dass wir selbst kleine Veränderungen heraushören. Aber auch uns weniger bekannte Stimmen liefern uns Hinweise für Gespräche und Verhandlungen. Räuspert sich Ihr Kollege in der Teamsitzung häufig, seine Stimme zittert und bricht ab und an sogar weg? Vielleicht ist er sich seiner Argumente unsicher und braucht Ihre Unterstützung, damit Sie das gemeinsame Projekt erfolgreich präsentieren können. Auf Arbeitsebene ist es übrigens äußerst hilfreich, dem Gegenüber kurz zu sagen, in welcher emotionalen Lage Sie sich gerade befinden. Keine Sorge, Sie müssen nicht gleich Ihr Innerstes ausschütten. Aber ob Sie energiegeladen sind oder nicht, verrät nun einmal Ihre Stimme.

Auch hierzu wieder ein Beispiel aus meiner Arbeit mit einer Kripo: In diesem Fall bekam ich rund 400 TKÜs zugespielt. TKÜ steht für Telekommunikationsüberwachung. Diese Aufnahmen der überwachten Telefongespräche eines vorbestraften Sexualstraftäters hörte ich mir über mehrere Tage konzentriert an. Darunter gab es zwar mehrere wichtige Hinweise, aber eine TKÜ stach heraus. Darin telefonierte der Beschuldigte mit einem engen Familienmitglied. Der Verwandte schlug vor, den Tatverdächtigen, einen Fernkraftfahrer, bei einer seiner Lkw-Fahrten zu begleiten. Daraufhin sagte der Beschuldigte: „Ja, aber ohne Kinder. Kinder nehme ich nicht mit, das weißt du ja." Dabei veränderte sich seine stimmliche Baseline zum ersten Mal und er klang traurig. Dann folgte eine lange Pause und er erklärte wieder, nur dieses Mal noch viel intensiver und in einer tiefen, fast depressiven Tonlage: „Das will ich einfach nicht mehr." Nach einer weiteren kurzen Pause ging die Stimme plötzlich wieder in die normale Baseline über und er besprach mit dem Familienmitglied die Details der gemeinsamen Fahrt. Der Verdächtige hatte für diesen kurzen Moment seine stimmliche Baseline verlassen und mir war klar – da musste noch etwas anderes, Gravierenderes passiert sein als der Gedanke an Kinder, die er missbrauchte. Aus seiner Stimme konnte ich nicht nur eine tiefe Traurigkeit, sondern eine Depression heraushören. Die Stimmlage während einer Depression ist noch tiefer als bei Trauer. Was also ist schlimmer als Kindesmissbrauch? Meine Erfahrung bei der Analyse von Stimmen in Kombination mit den bereits existierenden Indizien ließ nur einen Schluss zu: Das war sein Mordgeständnis – zugegeben, ein Mordgeständnis besonderer Art! Dieses galt es, in der anstehenden Vernehmung in rechtskräftiger Form in ein verbales Geständnis umzuwandeln. Als ich den Ermittlerinnen und Ermittlern diese Aufnahme vorspielte und sie darauf aufmerksam machte, was sie alles an der Abweichung einer stimmlichen Baseline erkennen können, waren sie vollkommen verblüfft: „Wahnsinn, das hätten wir so nicht wahrgenommen, aber jetzt, wo Sie es uns zeigen, ist es sehr eindeutig." Bis heute nutze ich diese Aufnahme gern zu Schulungszwecken bei der Polizei, denn dieses Indiz der Schuld hinterlässt stets einen bleibenden Eindruck.

1.4 Das autonome Nervensystem: Unbewusster Geheimnisverrat

Wesentlich deutlicher als die vielen Nuancen in der Stimme nehmen wir in der Regel die Signale des autonomen Nervensystems wahr. Sie können uns wichtige Lügenindizien liefern. Denn das **autonome oder auch vegetative Nervensystem** ist ein Teil unseres Nervensystems, dessen Funktionen weitgehend unbewusst gesteuert werden. Es reguliert biologisch festgelegte, automatische Abläufe im Inneren unseres Körpers. Diese Vorgänge kann der Mensch nicht oder nur teilweise direkt willentlich beeinflussen. Dazu gehören zum Beispiel Herz- und Atemfrequenz, Schwitzen, Verdauungsprozesse, Blasenentleerung, Pupillenweite und Speichelproduktion. Reflexe wie Schlucken, Husten, Niesen und Erbrechen werden vom Hirnstamm kontrolliert und laufen ebenfalls unbewusst ab. Sie kennen es alle: Ist uns etwas peinlich, werden wir rot; sind wir aufgeregt, pocht unser Herz schneller; erschrecken wir uns, weiten sich unsere Pupillen. Seien Sie also nicht verwundert, wenn Sie flirten und Ihr Gegenüber bei Interesse große Pupillen bekommt. Suggeriert diese Person allerdings nur, Sie zu mögen, dann bleiben die Pupillen ziemlich klein – ein überaus hohes Interesse scheint nicht zu bestehen und Sie werden wahrscheinlich gerade angeflunkert. Oder Ihr Gesprächspartner hat durchaus Interesse, ist aber extrem müde und es mangelt an Konzentrationsfähigkeit. Diese Möglichkeit lässt sich dann anhand weiterer Parameter überprüfen. Ein zusätzlicher Flirttipp am Rande: Achten Sie auf den sogenannten Dreiecksblick. Dieser wandert von einem Auge zum anderen und dann auf Ihre Lippen und das, wie die Bezeichnung schon verrät, im Dreieck. Dann nämlich wissen Sie, dass Ihr Gegenüber gerade daran denkt, Sie küssen zu wollen. Aber ist er oder sie auch bereit, eine Berührung von Ihnen zu akzeptieren? Sie können es unverfänglich austesten. Berühren Sie zunächst einen privaten Gegenstand, den die Person auf den Tisch gelegt hat, ihren Schlüssel zum

Beispiel oder ihr Glas. Erzählen Sie währenddessen einfach weiter. Die körpersprachliche Reaktion in dem Moment der Berührung wird Ihnen verraten, ob eine physische Annäherung willkommen ist oder nicht. Achten Sie dabei auf Anspannung oder Entspannung des Körpers.

Lediglich Agentinnen und Agenten sowie Mentalmagierinnen und -magier sind so trainiert, dass sie beispielsweise ihren Herzschlag kontrollieren können. Sie kennen es aus Geheimdienstfilmen – die Agentin hält ihre Herzfrequenz niedrig, sodass die Nadel des Lügendetektors bei kritischen Fragen nicht ausschlägt. Um einen Lügendetektor zu überlisten, braucht es allerdings keinen Mentalmagier. Hier gibt es mehrere Tricks, die wir alle beherrschen und die ganz einfach anzuwenden sind. Zum Beispiel kann man sich vorab mental in einen emotionalen Zustand versetzen, der **körpersprachliche Reaktionen** wie einen erhöhten Puls nach sich zieht. Normalerweise schnellt der Puls bei einem Lügendetektortest erst dann in die Höhe, wenn eine kritische Frage gestellt wird. Wenn ich mir aber gleich zu Anfang eine schlimme Situation vorstelle, geht mein Puls in die Höhe. Das Gerät kann dann keine Unterschiede mehr zwischen Ihrer Reaktion auf unkritische und Ihrer Reaktion auf kritische Fragen feststellen. Ein anderer Trick ist es, im Kopf von zehn rückwärts zu zählen. Das bindet Ihre Konzentrationsfähigkeit und dadurch reagiert Ihr Körper weniger auf die kritischen Testfragen. Sie können zudem die Füße ganz fest auf den Boden drücken. Auch hierfür müssen Sie sich konzentrieren und außerdem entsteht Druck, also Körperspannung, die ebenfalls dafür sorgt, dass der Lügendetektor keinen Unterschied mehr zwischen kritischen und unkritischen Fragen erkennen kann. Deshalb ist es meines Erachtens gut, dass Analysen von Lügendetektoren bei uns in Deutschland nicht aussagekräftig verwertbar sind. Eine Vernehmerin oder ein Vernehmer kann im Gegensatz zur Maschine nicht nur die Vitalfunktionen, sondern auch sämtliche anderen Kommunikationskanäle im Blick behalten.

2

BAUSTEIN 2/4:
ÜBERZEUGEN KÖNNEN

Überzeugen können Sie Ihre Gesprächspartnerin oder Ihren Gesprächspartner nur dann, wenn Sie sie kennen und wissen, auf welche Strategien sie positiv oder negativ reagieren. Denn nicht jeder Mensch lässt sich mit den gleichen Mitteln überzeugen. Dafür ist es nicht nur notwendig, die aktuelle Gefühlslage Ihres Gegenübers zu erkennen, sondern auch zu wissen, wie die Person gestrickt ist. Als erste Grundlage dient uns hier die **Analyse der Persönlichkeit**. Dabei helfen Persönlichkeitsmodelle wie DISG, Big Five oder Myers-Briggs.[9] Falls Sie sich über mein Rizzo-Konzept hinaus intensiver mit der Thematik beschäftigen möchten, empfehle ich Ihnen insbesondere das Buch „Die Biostrukturanalyse 1“ von Rolf W. Schirm. Ich selbst stütze mich in meiner Arbeit auf unterschiedliche Modelle, die sich in meiner beruflichen Praxis bewährt haben.

2.1 Drei Menschentypen-Grundformen

Ich differenziere vor allem zwischen **drei verschiedenen Menschentypen**: dem **menschenorientierten**, dem **erfolgsorientierten** und dem **rational orientierten Typ**. Darüber hinaus existiert noch ein **Mischtyp** aus menschenorientiert und rational orientiert, der **rational-sensible Menschentyp**. Über ihn erfahren Sie in diesem Kapitel ebenfalls Näheres.

2.1.1 Der menschenorientierte Typ

Der menschenorientierte Typ wird eher vom Stammhirn beeinflusst. Das Stammhirn ist evolutionär betrachtet mit circa 400 Millionen Jahren der älteste Teil unseres Gehirns. Hier sitzt in Teilen auch das limbische System, das im Zusammenspiel mit anderen Hirnarealen der Verarbeitung von Emotionen und der Entstehung von Triebverhalten dient. Das Stammhirn steuert vor allem die Urinstinkte und dient der Selbst- und Arterhaltung. So fühlt sich der menschenorientierte Typ in der Gemeinschaft anderer wohler, denn ganz vereinfacht ausgedrückt bedeutet das Leben in der Herde **Sicherheit**. Auf unsere heutige Zeit bezogen heißt das: Dieser Typ redet gern über Gemeinsamkeiten, braucht ein Teamgefüge und legt Wert darauf, von anderen Menschen akzeptiert zu werden. So ist es nicht weiter verwunderlich, dass Mobbing, also die Ausgrenzung aus der Gemeinschaft, bei diesem Typ Mensch den meisten Schaden anrichtet. Des Weiteren verlässt sich dieser Typ vor allem auf Erfahrungswerte und orientiert sich zeitlich an der Vergangenheit. Neue Situationen sind für ihn schwer anzunehmen, denn er zieht das Altbewährte vor. Haben Sie einen solchen Mitarbeiter in Ihrer Firma, in der Sie einen Change-Prozess durchführen wollen, sollten Sie verbal nicht allzu große Sprünge in die Zukunft machen. Eine zu starke Zukunftsausrichtung bewerten diese Menschen negativ. Sie lieben keine Entwicklung. Sagen Sie diesem

Mitarbeiter stattdessen: „Schauen Sie, wir müssen dieses Projekt nun einmal angehen, aber ich kann Ihnen garantieren, im nächsten Jahr wird sich erst einmal noch nicht viel bewegen. Es wird zwar regelmäßige Teambesprechungen dazu geben, aber ihr Arbeitsbereich bleibt unberührt." Damit werden Sie ihn von dem Projekt überzeugen und ihn so an Bord behalten.

Ich möchte Ihnen an dieser Stelle noch ein weiteres Beispiel nennen, welches ich in der Folge auf alle drei Menschentypen anwenden werde. Es wird deutlich machen, wie wichtig es ist, auf diese Unterschiede in der Persönlichkeit einzugehen. Stellen Sie sich vor, Sie bieten Ihrer neuen, menschenorientierten Mitarbeiterin an, sich ihren Arbeitsplatz selbst auszusuchen. Sie wird mit sehr hoher Wahrscheinlichkeit das Gemeinschaftsbüro einem Einzelbüro vorziehen, auch wenn das Einzelbüro prestigeträchtiger erscheinen mag. Das Kollegiale ist dieser Person wichtiger. Ein kleiner Tipp am Rande: Supervision, also eine Reflexion des eigenen beruflichen Handelns sowie der Arbeitsbeziehungen im Team zusammen mit einem Supervisor, wird ein Zauberwort in ihren Ohren sein.

2.1.2 Der erfolgsorientierte Typ

Der erfolgsorientierte Typ hingegen wird stark vom Zwischenhirn beeinflusst. Das Zwischenhirn ist laut Evolutionstheoretikerinnen und -theoretikern circa 200 Millionen Jahre alt und dient der Selbstbehauptung. Es erkennt Freund oder Feind und regelt das Durchsetzungsvermögen durch Angriff, Flucht und Anpassung. Aber auch soziale Bedürfnisse wie Anerkennung und Wertschätzung haben hier ihren Sitz. Der erfolgsorientierte Typ ist, wie der Name schon sagt, eher **erfolgs- und konkurrenzorientiert**. Er agiert vor allem schnell, flexibel und ungestüm und orientiert sich zeitlich an der Gegenwart. Er fragt sich nicht, wie man andere überzeugen kann. Im Gegenteil, dieser Typ fragt nach dem Nutzen, den ihm eine Interaktion mit anderen bringt.

Kommen wir auf unser Bürobeispiel zurück: Wenn Sie nun dieser neuen Mitarbeiterin die Wahlmöglichkeit des Büroplatzes überlassen, wird sie sich für das prestigeträchtige Büro entscheiden. Ihr ist es wichtiger, Eindruck zu hinterlassen, als sich Freunde zu machen. Das Büro darf gern auch mit einer weiteren Person besetzt sein – schließlich möchte man jemanden haben, dem man von seinen Erfolgen auch gleich erzählen kann. Das muss aber nicht sein. Zur Not ist dieser Menschentyp auch mit einem exklusiven Einzelbüro zufriedenzustellen. Eine persönliche Assistenz wäre allerdings auch nicht schlecht.

2.1.3 Der rational orientierte Typ

Der rational orientierte Typ wird vor allem vom Großhirn beeinflusst. Das Großhirn ist mit drei Millionen Jahren eines der jüngsten Gehirnareale, das sich ausschließlich bei Affen und Menschen entwickelt hat. Es dient der Selbstbestimmung und dem Selbstbewusstsein und steuert die logische und rationale Orientierung. Der rational orientierte Typ spricht nicht gern über Gefühle und hält sich stattdessen an **Zahlen, Daten und Fakten** – Erfolgsfaktoren, die diesen sehr zukunftsorientierten Menschen bei der Planung helfen. Sie sind gern allein und mögen es weniger, Zeit mit anderen zu verbringen.

Was glauben Sie, für welches Büro sich dieser rational orientierte Menschentyp entscheiden wird? Richtig! Diese Mitarbeiterin wird die Sache logisch durchdenken: „Wie weit ist das Büro vom Drucker entfernt? Bin ich in diesem Büro allein, wodurch es sich für mich konzentrierter arbeiten lässt?“ Vergessen Sie nicht, diese Mitarbeiterin mag es nicht, viel zu reden.

Insbesondere in Partnerschaften ermöglicht Ihnen diese Herangehensweise, einander besser zu verstehen. Bevor Sie Ihrer Partnerin das nächste Mal vorwerfen, dass sie gefühlstaub sei, überlegen Sie einmal, ob sie nicht vielleicht ein rational orientierter Typ ist. Übermäßige Emotionsäußerungen sind nicht ihr Ding – genauso wenig, wie es für

Sie beispielsweise Zahlen und Daten sind. Oder hat Ihr Partner wieder einmal einen Impulskauf getätigt und Sie verstehen nicht, wie er nicht vorher recherchieren und Preise vergleichen konnte? Wir alle sind unterschiedlich. Nehmen wir diese Unterschiede in unseren Persönlichkeitsstrukturen wahr, ist das nicht nur ein Schritt hin zu gegenseitigem Verständnis, sondern auch dazu, anderen unseren eigenen Standpunkt besser vermitteln zu können.

Ein Einwurf an dieser Stelle: Achten Sie nicht nur darauf, was und wie Sie etwas rüberbringen, sondern lassen Sie auch Vorsicht bei Ihrer **Redegeschwindigkeit** walten. Menschenorientierte Typen sprechen tendenziell eher langsamer als die erfolgsorientierten Typen, während der rational orientierte Typ seine Worte sehr gezielt und präzise einsetzt, dabei allerdings eine durchschnittliche Sprechgeschwindigkeit hat. Sprechen wir also zu schnell, können wir unser Gegenüber nicht überzeugen. Diesen Sachverhalt nutzt man im Übrigen auch in der forensischen Linguistik, denn Sprachkompetenz ist neben anderen Faktoren wie Bildungsgrad, Geschlecht, Alter und soziologisches Umfeld ein wichtiger Hinweisgeber zur Identifizierung von krimineller Autorschaft, beispielsweise eines Drohbriefes.

Sie erinnern sich an unseren Fall aus dem Vorwort, bei dem ein Mitarbeiter anonyme Drohbriefe erhielt? Nachdem mir der Firmenchef mehrere Fotos von Mitarbeitenden, die er verdächtigte, zugesandt hatte, war ich mir sicher: Auf einem der Fotos war der Täter zu sehen! Daraufhin ließ ich mir von meinem Klienten zwei weitere Textproben der von mir verdächtigten Person schicken – eine informelle E-Mail, in der er sich mit Kolleginnen und Kollegen zum Mittagessen verabredete, sowie ein von ihm verfasstes offizielles Protokoll einer Teamsitzung. Diese Schriftstücke schickte ich zusammen mit den Drohbriefen an eine Linguistin, mit der ich schon oft zusammengearbeitet hatte, und bat sie um eine Analyse. Meine eigene Einschätzung verriet ich ihr nicht, denn ich wollte, dass sie unvoreingenommen an den Fall herangeht. Ich wusste, anhand von lokal gefärbter Wortwahl, Fehlern in der Zeichensetzung oder bestimmten Ausdrucksweisen würde sie ein recht akkurates Bild des Autors zeichnen können. Blieb nur abzuwarten, ob es sich mit meinem Verdacht deckte ...

Verzeihen Sie den kurzen Abstecher in die forensische Linguistik und zu unserem Fall. Ich versichere Ihnen, auch auf den Persönlichkeitstyp des damaligen Drohbriefschreibers werde ich noch zu sprechen kommen. Zunächst komme ich aber noch einmal auf die generelle Differenzierung zwischen den Menschentypen zurück. Insbesondere in Stress- und Ausnahmesituationen zeigt sich die **intrinsische Haltung** der unterschiedlichen Menschentypen. Stellen Sie sich einen Verkehrsunfall vor: Auf der Kreuzung sehen Sie eine Person desorientiert herumlaufen. Sie dürfen davon ausgehen, dass diese Person eher der menschenorientierte Typ ist, denn er verweilt länger in der Orientierungsfindung. Der erfolgsorientierte Typ hingegen ist wahrscheinlich schon dabei, den oder die Schuldige(n) ausfindig zu machen oder die Lage zu checken, während der rational orientierte Typ abklärt, ob bereits Polizei und Rettungskräfte verständigt wurden oder ob noch andere Maßnahmen ergriffen werden müssen.

Kommen wir nun noch zum **rational-sensiblen Menschentyp**, der eine Mischung aus rational orientiert und menschenorientiert ist. Ebenso wie der menschenorientierte Typ ist er sehr **kontaktfreudig** und **kann gut zuhören**. Sein großes Empathievermögen sowie ein hohes Maß an Kreativität machen ihn äußerst empfindsam. Meist ist er unter der Berufsgruppe der Künstlerinnen und Künstler und Kreativen zu finden. Diese Menschen sind integer, verantwortungsvoll und direkt – ähnlich wie der rational orientierte Menschentyp. Sie sind allerdings sehr vorsichtig. Im Beruf ist diesem Typ eine reibungslose Zusammenarbeit wichtiger als eigene Vorteile. Er möchte nicht störend wirken und richtet sich viel nach anderen. Daher wird er die Auswahl des Büroraums, selbst wenn er darüber entscheiden darf, seinem Arbeitgeber überlassen. Er möchte keine Ansprüche stellen. Alles, was er braucht, wird er sich selbst besorgen und nicht darum bitten. Wundern

Sie sich also nicht, wenn in seinem Zimmer plötzlich ein Whiteboard mit allerlei Markern in unterschiedlichen Farben auftaucht. So kann er seiner Kreativität freien Lauf lassen, hat dafür aber niemanden behelligt. Bei einem Verkehrsunfall würde er eher ängstlich reagieren und zuerst einmal schauen, was in der Umgebung passiert. Er würde zwar gern helfen, lässt aber lieber anderen den Vortritt.

Sie denken sich jetzt sicher, dass es nicht so einfach sein kann, Menschen zu erkennen, und dass wir mit dieser Sichtweise komplexe humane Verhaltensweisen übermäßig simplifizieren. Deshalb möchte ich an dieser Stelle differenzieren: Zum einen gibt es natürlich **Mischformen aus den drei genannten Typen**. Und nicht nur das – ein menschenorientierter Typ kann natürlich ebenfalls nach Erfolg streben und impulsiv werden. Aber es ist etwas anderes, ob jemand grundsätzlich impulsiv gestrickt ist oder lediglich aus einer bestimmten Situation heraus impulsiv reagiert. Diese Unterscheidung dient uns als wichtige Unterstützung in der Verhandlung, denn die erkannten Parameter und Muster helfen uns dabei, Menschen zu überzeugen.

Doch ich will noch eine viel kühnere Aussage tätigen. Sie können diese drei Typen an ihrem **Körperbau** erkennen! „Nee, klar, Frau Rizzo", denken Sie jetzt wahrscheinlich und verdrehen dabei innerlich die Augen. Aber ich sage Ihnen: Seit über zehn Jahren setze ich dieses Tool erfolgreich ein. Ich habe Empfangspersonal wie auch Doormen auf diese **Form des schnellen Erkennens** geschult. Man kann einen Menschen relativ schnell am Körperbau erkennen. Der menschenorientierte Typ nimmt schnell zu und kaum ab. Er oder sie muss – übertrieben ausgedrückt – ein Stück Kuchen nur ansehen und nimmt bereits zu. Dieser Typ ist eher dicklich, der Körperbau ist weich mit Rundungen. Der erfolgsorientierte Typ baut verhältnismäßig schnell Muskeln auf. Oder um es mit dem oben verwendeten Beispiel zu sagen: Dieser Typ schaut ein Stück Torte an und kann es sofort in Muskelmasse umsetzen. Er oder sie wirkt sportlich, muskulös und stark. Der rational orientierte Typ hingegen nimmt weder ein Gramm zu noch baut er Muskeln auf. Er bleibt rank und schlank und man hat das Gefühl, dass diese Menschen essen können, was sie wollen. Selbst eine ganze Torte wird nichts am Körpergewicht verändern. Nichts setzt an. Der Körperbau ist schlaksig bis drahtig.

Mir ist bewusst, dass wir in Deutschland auf eine nationalsozialistische Vergangenheit zurückblicken, in der die Typologisierung des menschlichen Körperbaus missbraucht wurde, um fürchterliche Gräueltaten zu begehen. Lassen Sie mich hier ganz deutlich werden: Ich möchte damit nicht vorschlagen, dass wir uns in Deutschland Tatverdächtige anschauen und sie anhand ihres Körperbaus verurteilen! Ich schlage auch nicht vor, dass Sie dies mit Ihren Mitarbeitenden, Ihrer Partnerin oder Ihrem Partner oder Klientinnen und Klienten tun. Ich möchte damit lediglich zum Ausdruck bringen, dass ich selbst diesbezüglich im Laufe meiner Karriere eine **unfassbar hohe Trefferquote** festgestellt habe. Wieder und wieder bestätigten sich über die Jahre in diversen Gesprächen mit mir zunächst völlig fremden Personen Handlungs- und Denkweisen, die ich zuvor anhand des Körperbaus so eingeschätzt hatte. Überprüfen Sie meine Hypothese gern und probieren Sie es aus. Sie werden ebenfalls feststellen, wie treffsicher Ihre Einschätzung sein wird.

An dieser Stelle sei gesagt, dass ich hier von **angeborenen Persönlichkeitsstrukturen** spreche. **Erworbene Persönlichkeitsmerkmale** und wozu eine Person im Laufe ihres Lebens gemacht wird, sind ein ganz anderes Feld. Diesem werden wir uns im nächsten Kapitel widmen. Beides gilt es unbedingt voneinander zu unterscheiden.[10]

Erlauben Sie mir noch eine Randbemerkung: Ich bin der Meinung, dass wir in diesem Zeitalter das digitale Hirnareal entwickeln. Es gibt neuronale Bahnen, die erst jetzt im Entstehen begriffen sind, weil beständig neue Informationen von Computern, Handybildschirmen und Tablets auf uns einprasseln. Es wird Menschen geben, die noch einmal anders ticken, weil ihr Gehirn vor allem an binäre Informationen angepasst ist. Diese Menschentypen werden wir mit sehr hoher

Wahrscheinlichkeit jedoch nicht mehr erleben, da evolutionsbedingte Anpassungsprozesse Jahrhunderte und Jahrtausende beanspruchen.

Wenden wir uns nun aber wieder meinem Fachgebiet zu – dem Rizzo-Konzept. Bevor ich Ihnen allerdings die effektivsten Überzeugungshebel für alle Verhandlungsarten verrate, schauen wir uns den Bereich der Persönlichkeitsstörungen sowie der kognitiven Dissonanz und den Drang nach Ausgleich an. Denn das Wissen darüber brauchen Sie, um später entscheiden zu können, welcher Überzeugungshebel überhaupt Wirkung bei Ihrem Gegenüber zeigen wird.

2.2 Die wichtigsten Persönlichkeitsstörungen

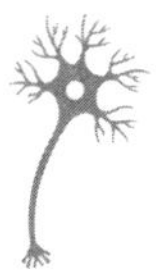

Wenn ich von Persönlichkeitsstörungen rede, beziehe ich mich auf festgelegte **Krankheitsbilder**, die im ICD-10[11], einem weltweit anerkannten Klassifikationssystem für medizinische Diagnosen, beschrieben werden. Persönlichkeitsstörungen sind schwere Störungen des Selbstbildes und des Verhaltens, die dazu führen, dass die Betroffenen in Beziehungen und Interaktionen mit ihren Mitmenschen gestört handeln und auftreten.[12] Aus Film und Fernsehen sind Ihnen vielleicht Psychopathen und Soziopathen bekannt. Ich ahne es schon und sehe Ihren Einwand kommen: „Frau Rizzo, vielleicht haben Sie es bei Ihrer Arbeit mit psychopathischen Killern zu tun, aber in meinem Alltag begegne und verhandele ich eher mit durchschnittlichen Menschen." Zunächst einmal kann ich Ihnen darauf antworten, dass auch ich es eher selten mit Psychopathen zu tun habe. Immerhin sind laut Fachliteratur nur rund vier Prozent der Bevölkerung Psychopathen und nicht jeder Psychopath wird automatisch zum Mörder.[13] Wenn ich in der Folge unterschiedliche Persönlichkeitsstörungen beschreibe, dann nicht, weil Sie Ihre Verhandlungspartnerin oder Ihren Verhandlungspartner diagnostizieren sollen, sondern damit Sie Tendenzen eines Persönlichkeitsprofils erkennen und diese als Verhandlungsmasse im Gespräch mit

Ihrem Gegenüber einsetzen können. Dafür ist der Leitfaden des ICD-10 mit den spezifischen Persönlichkeitsstörungen,[14] die unter „F60.-“ fallen, ein nützliches Tool. Ihr Ziel sollte es nicht sein, Menschen in Schubladen zu stecken, sondern ihre individuellen Züge zu erkennen.

Was meine ich damit? Nehmen wir an, Ihr neues Online-Date legt eine starke Hybris an den Tag: Er überschätzt das eigene Können und die eigenen Kompetenzen, sieht sich selbst im Recht und erscheint, kurzum gesagt, hochmütig und besserwisserisch. Vielleicht ist diese Person ein erfolgsorientierter Typ, der in Stresssituationen – wie zum Beispiel einem ersten Date – lediglich versucht, seine Unsicherheit zu überspielen. Er will eine gute Figur machen, um Sie zu beeindrucken. Eigentlich ganz süß, nicht? Vielleicht weist diese Person aber auch leicht narzisstische Züge auf und die übersteigerte Selbsteinschätzung tritt gepaart mit einem Verlangen nach idealer Liebe und übermäßiger Bewunderung auf. Nicht mehr ganz so süß, oder? Wäre es nicht gut, dazwischen unterscheiden zu können, bevor Sie einem zweiten Treffen zustimmen? Die Klassifikation des ICD-10, genauer gesagt der Typen F60.0 bis F60.8., hilft Ihnen dabei.

2.2.1 Paranoide Persönlichkeitsstörung

Beginnen wir mit F60.0, der paranoiden Persönlichkeitsstörung. Hier gibt es sieben definierte Merkmale:

1. Paranoide Persönlichkeiten zeigen eine übertriebene Empfindlichkeit auf Rückschläge und Zurückweisungen.
2. Sie neigen zu dauerhaftem Groll und vergeben nicht oder kaum.
3. Sie sind grundsätzlich misstrauisch und haben eine anhaltende Tendenz, neutrale oder freundliche Handlungen anderer als feindlich oder verächtlich fehlzudeuten.
4. Streitsucht und ein situationsunangemessenes Beharren auf den eigenen Rechten sind Teil ihres Alltags.

5 Sie weisen eine pathologische Eifersucht auf und verdächtigen ihre Partnerin oder ihren Partner häufig ungerechtfertigt der sexuellen Untreue.
6 Ständige Selbstbezogenheit und Überheblichkeit sind Teil ihres inneren und äußeren Erlebens.
7 Häufig erklären sie die Welt um sie herum mithilfe von Verschwörungstheorien.

Treffen mindestens vier dieser Eigenschaften oder Verhaltensweisen zu, gilt eine Person im klinischen Sinne als paranoid. Ist Ihr Lebensabschnittsgefährte ständig und völlig unbegründet eifersüchtig, heißt das also noch lange nicht, dass er eine paranoide Persönlichkeitsstörung hat. Vielleicht wurde er in einer früheren Beziehung sexuell hintergangen und diese Betrugserfahrung ruft nun solche Ängste hervor. Oder Ihre Kollegin reagiert überempfindlich auf Ihre professionelle Kritik. Hüten Sie sich besser davor, sie gleich als paranoid zu bezeichnen! Es könnte ja sein, dass sie am Morgen einen Streit mit ihrem Ehemann hatte und daher etwas dünnhäutig ist.

Sehen Sie nun, was ich mit Persönlichkeitstendenzen und -zügen meine? Was genau dahintersteckt, wenn es keine psychische Störung ist, finden Sie übrigens anhand der richtigen Fragetechnik heraus. Für paranoide Menschen steht in Beziehungen die Verteidigung der eigenen Grenzen und des eigenen Territoriums an oberster Stelle. Sie suchen nach Autonomie und Anerkennung. Zentrale Denkstrukturen bauen auf Sätzen auf wie: „Ich kann mich nur auf mich selbst verlassen“, „Andere respektieren meine Grenzen nicht. Sie versuchen mir zu schaden und mich auszunutzen.“ Oder: „Wenn ich mich nicht verteidige, werde ich ausgenutzt.“ Ein kleiner Geheimtipp von mir: Merken Sie sich diese Glaubenssätze – sie werden Ihnen in Kombination mit den richtigen Überzeugungshebeln immense Dienste leisten!

2.2.2 Schizoide Persönlichkeitsstörung

Kommen wir zur schizoiden Persönlichkeitsstörung mit der Klassifikation F60.1, im ICD-10 beschrieben mithilfe von neun Merkmalen:

1. Diese Personen kennen nur wenige Tätigkeiten, die ihnen Freude bereiten.
2. Sie zeigen emotionale Kühle und wirken distanziert. In der Fachsprache redet man von einem abgeflachten Affekt.[15]
3. Es fällt ihnen schwer, sowohl warme oder zärtliche Gefühle als auch Ärger gegenüber anderen auszudrücken.
4. Lob oder Kritik von ihren Mitmenschen scheinen sie gleichgültig zu lassen.
5. Sie haben wenig Interesse an Beziehungen und – je nach Alter – sogar an sexuellen Erfahrungen mit anderen Menschen.
6. Aktivitäten, die man allein durchführen kann, werden von ihnen bevorzugt.
7. Sie sind übermäßig eingenommen durch Fantasien und ihre Introvertiertheit.
8. Auf enge Freunde und vertrauensvolle Beziehungen können sie gut verzichten.
9. Es mangelt ihnen an Gespür für soziale Normen und Konventionen. Werden diese nicht befolgt, geschieht es unabsichtlich.

Weist eine Person mindestens drei dieser Merkmale und Verhaltensweisen auf, leidet sie unter einer schizoiden Persönlichkeitsstörung. Zentrale Beziehungsmotive dieser Menschen sind die Wertschätzung ihrer Person und die eigene Wichtigkeit. Eingeprägte Glaubenssätze sind zum Beispiel: „In der Beziehung bekomme ich keine echte Unterstützung“, „Ich bin ohnehin immer allein“, „Beziehungen sind nicht nährend, nicht förderlich.“

Angenommen, Sie befinden sich in einer Liebesbeziehung mit einem Menschen, der zwei Züge dieser Persönlichkeitsstörung aufweist. Er ist also nicht schizoid, hat aber ein Problem mit Nähe. Ihr Ziel ist es, in der Partnerschaft zu bleiben und Ihre Beziehung zu verbessern. Sie wünschen sich mehr Kontakt. Ihr Partner weist Sie aber immer wieder zurück. Bedrängen Sie ihn nicht! Achten Sie stattdessen ganz besonders darauf, wie Sie mit ihm reden. Geben Sie ihm viel Freiraum. Kurze Konversationen, gefolgt von Interaktionspausen, wird er als angenehmer empfinden. Mit der Zeit wird er mehr Vertrauen aufbauen, insbesondere wenn Sie ihn akzeptieren und ihm zeigen, dass Sie ihn verstehen. Ihr Partner wünscht sich die gleiche Nähe wie Sie, hat aber Angst davor. Ermutigen Sie ihn mit warmherziger Gestik und Mimik, selbst wenn er völlig „kühl" zu bleiben scheint. Zeigen Sie Interesse an ihm und seinen Geschichten. Mit der Zeit wird er merken, dass er durchaus echte Unterstützung von Ihnen bekommt und eine Beziehung doch nährend sein kann. Das ist natürlich nur ein Beispiel. In anderen Verhandlungssituationen, in denen Sie mit einer solchen Person zu tun haben, müssen Sie je nach Ihren eigenen Zielen anders mit ihr reden. Die „Regeln" sind aber stets die gleichen und richten sich nach den Glaubenssätzen und den Beziehungsmotiven Ihres Gegenübers.

2.2.3 Dissoziale Persönlichkeitsstörung

Bei der dissozialen Persönlichkeitsstörung, F60.2 im ICD-10, treten die folgenden sechs Eigenschaften auf:

1. Dissoziale Typen erscheinen herzlos, da sie sich unbeteiligt gegenüber den Gefühlen anderer zeigen.
2. Sie nehmen dauerhaft verantwortungslose Haltungen ein und missachten soziale Normen, Regeln und Verpflichtungen deutlich.
3. Diese Menschen haben keine Schwierigkeiten, Beziehungen einzugehen, können sie aber auf Dauer nicht aufrechterhalten.

4 Die Frustrationstoleranz dissozialer Persönlichkeiten ist gering und sie haben eine niedrige Schwelle für aggressives, sogar gewalttätiges Verhalten.
5 Es fehlt ihnen an Schuldbewusstsein oder sie sind unfähig, aus negativen Erfahrungen, insbesondere Bestrafungen, zu lernen.
6 Sie neigen dazu, andere zu beschuldigen, oder sie bieten plausible Rationalisierungen für das eigene Verhalten an, durch welches sie in einen gesellschaftlichen Konflikt geraten sind.

Mindestens drei dieser Verhaltensweisen müssen für eine dissoziale Persönlichkeitsstörung vorliegen. Diese Menschen wollen in ihren Beziehungen Aufmerksamkeit. Sie haben Sätze verinnerlicht wie: „Keiner mag mich. Alle sind gegen mich", „Andere sind schuld an Problemen und Konflikten", „Regeln sind etwas für Schwache!"

Stellen Sie sich vor, vor Ihnen sitzt eine Beschuldigte mit dissozialen Zügen. Zunächst beobachten Sie sie genau und stellen mithilfe leichter Fragen und eines Plaudertons ihre Baselines fest (Sie erinnern sich an Kapitel 1?). Sie befindet sich nun in einem entspannten Zustand. Jetzt gilt es, unvermittelt Druck aufzubauen, indem Sie ihr Beziehungsdefizit aufgreifen: „Ich weiß, was Sie denken. Sie denken, um Sie herum sind nur schwache Menschen. Bei denen ist es heute so und morgen so … Sie glauben, anders zu sein. Anders sind Sie dann, wenn Sie nicht machen, was Sie bei anderen so abwerten. Da bin ich mal gespannt, ob Sie wie alle anderen sind oder doch *anders* als alle anderen. Und? Wollen Sie immer noch leugnen oder geben Sie es zu? Sind Sie auch eine, die große Töne spuckt und nichts steckt dahinter?" Mit diesen Worten verbalisieren Sie die Denkstruktur der Beschuldigten und erreichen dadurch eine innere Bestätigung in ihrem Kopf. Sie sehen, das korrekte Erfassen der Persönlichkeit ist essenziell für eine erfolgreiche Verhandlung! Auf die Businesswelt adaptiert, könnten Sie diese Person sogar noch anders aus der Reserve locken. Unterstellen Sie ihr, dass sie nichts zu entscheiden hat. Sie wird Ihnen dann gern den Vertrag unterzeichnen, den Sie sich wünschen, weil es ihr lieber ist, bei Ihnen als Entscheiderin anerkannt zu werden. Sie möchte auf keinen Fall nur in zweiter Reihe mitreden.

2.2.4 Emotional instabile Persönlichkeitsstörung

Zur emotional instabilen Persönlichkeitsstörung (F60.3, ICD-10) zählen die Subkategorien Impulsiver Typ (F60.30) und Borderline-Typ (F60.31). Es gibt neun relevante Merkmale, die auf eine instabile Persönlichkeit hinweisen:

1. Die Betroffenen legen ein hektisches Bemühen an den Tag, nicht verlassen zu werden.
2. In ihren Beziehungen verhalten sie sich wechselhaft in Extremen – entweder sie idealisieren oder entwerten Partnerinnen und Partner.
3. Selbstbild und Selbstwahrnehmung sind andauernd und ausgeprägt gestört. Das heißt, es liegt eine Identitätsstörung vor.
4. Sie legen in mindestens zwei Lebensbereichen (zum Beispiel: Geldausgaben, Sexualität, Substanzmissbrauch, rücksichtsloses Fahren, „Essensanfälle“ et cetera) ein impulsives, potenziell selbstschädigendes Verhalten an den Tag.
5. Es treten wiederholt suizidale Handlungen, Selbstmordandeutungen oder -drohungen sowie selbstverletzendes Verhalten auf.
6. Diese Menschen sind affektiv instabil – sie reagieren schnell gereizt oder ängstlich. Die Stimmungsschwankungen halten gewöhnlich einige Stunden an, selten mehr als ein paar Tage.
7. Chronische Gefühle von Leere kennzeichnen ihren Alltag.
8. Heftige, unangemessene Wutausbrüche und die Unfähigkeit, Wut kontrollieren zu können, sind Teil ihrer Persönlichkeit.

9 Bei schweren Belastungen können vorübergehende paranoide Vorstellungen oder schwere dissoziative Symptome ausgelöst werden. Erkrankte lechzen in ihren Beziehungen nach Aufmerksamkeit, Liebe und der eigenen Wichtigkeit. Essenzielle Glaubenssätze sind zum Beispiel: „Meine Eltern lieben mich nicht", „Keiner liebt mich", „Ich bin nicht okay."

Auch hier möchte ich Ihnen wieder ein Verhandlungsbeispiel zur besseren Veranschaulichung geben. Angenommen, Sie arbeiten als Freelancer für einen nicht ganz unproblematischen Klienten, der instabile Züge aufweist. Er hat Ihnen ein Briefing zukommen lassen, das in sich widersprüchlich ist und keinerlei Arbeitsgrundlage für Sie bietet. Hier hilft die Spiegeltechnik. Stellen Sie Ähnlichkeiten her: „Ich fühle mich bei Ihnen hin- und hergerissen. Ich weiß nicht, ob Sie so ein Gefühl kennen… Mal bewundere ich Ihre Art, Ihre Professionalität. Dann wiederum frage ich mich, ob Sie einfach nur traurig und abgelenkt sind. Sagen Sie, darf ich Sie um etwas bitten? Können Sie mir gegenüber bitte ganz ehrlich bleiben, auch wenn es schwerfällt? Kann es sein, dass Ihr Briefing durch zu viele Hände in Ihrer Firma ging und die Mitarbeitenden an dem Projekt sich nicht einig sind? Bevor ich weiterarbeiten kann, brauche ich klare Anweisungen von Ihrer Seite…" Vielleicht fragen Sie sich nun, was Bewunderung mit Traurigkeit zu tun hat und ob das überhaupt in einen Arbeitskontext gehört. Diese Sätze werden auf den Empfänger jedoch weder verwirrend noch unpassend wirken. Ganz im Gegenteil, er wird sich darin wiederfinden, was Ihnen für die weitere Zusammenarbeit helfen wird.

2.2.5 Histrionische Persönlichkeitsstörung

Als Nächstes schauen wir uns die histrionische Persönlichkeitsstörung (F60.4, ICD-10) an. Sechs Eigenschaften und Verhaltensweisen zeichnen diese aus:

1. Betroffene neigen zu dramatischer Selbstdarstellung, theatralischem Auftreten oder einem übertriebenen Ausdruck von Gefühlen.
2. Sie leiden unter Suggestibilität, das heißt, sie sind leicht durch andere oder durch Ereignisse und Umstände beeinflussbar.
3. Ihre Affekte sind oberflächlich und labil.
4. Ihr Alltag ist geprägt von der ständigen Suche nach aufregenden Erlebnissen und Aktivitäten. Diese Personen wollen stets im Mittelpunkt der Aufmerksamkeit stehen.
5. Ihre Erscheinung und ihr Verhalten sind unangemessen verführerisch.
6. Sie beschäftigen sich übermäßig mit der attraktiven Wirkung ihres Äußeren.

Mindestens vier dieser Merkmale müssen für eine tatsächliche Störung dieser Art vorliegen. Menschen mit diesen Zügen legen in ihren Beziehungen Wert auf Wichtigkeit, Verlässlichkeit und Solidarität. Zentrale Gedanken sind unter anderem: „Ich bin nicht wichtig“, „Für mich interessiert sich niemand“, „Beziehungen sind unsicher und nicht verlässlich“, „Mir hört niemand zu.“

Stellen Sie sich vor, Sie haben eine beste Freundin, die histrionische Züge hat. Sie steht definitiv gern im Mittelpunkt, scheint immer „einen Ticken drüber“ zu sein und macht gern einmal aus einer Mücke einen Elefanten. Sie schätzen die Freundschaft, wollen ihr aber trotzdem gern sagen, dass es Ihnen manchmal zu viel ist. Mitunter fühlen Sie sich von ihr eingeengt, weil sie möchte, dass Sie ständig für sie da sind. Auf Kritik reagiert Ihre beste Freundin grundsätzlich negativ, daher wissen Sie nicht, wie Sie das Thema ansprechen sollen. Probieren Sie es doch einmal mit folgenden Worten: „Ich schätze dich und deine Freundschaft unglaublich. Mit dir kann ich selbst in schweren Zeiten lachen. Du bist einfach besonders, weil ich mit dir Pferde stehlen kann. Ich bin so dankbar, dass ich dich habe. Manchmal habe ich aber das Gefühl, unrealistisch hohe Erwartungen erfüllen zu müssen. Ich kann nicht rund um die Uhr verfügbar sein. Ich habe den Eindruck, dass du diese krassen Anforderungen an mich stellst, weil du vielleicht denkst, du wärest mir nicht wichtig. Es tut mir leid, wenn das der Fall sein sollte. Du bist mir überaus wichtig und ich kommuniziere dir das auch sehr oft. Vielleicht ist dir das nur nicht so aufgefallen. Ich höre dir zum Beispiel immer gespannt und aufmerksam zu, wenn du mir von deinen Dates erzählst. Ich bin auch immer auf deiner Seite, wenn deine Familie sich wieder mal blöd verhält. Überleg mal, habe ich dich denn jemals im Stich gelassen? Ich stehe zu dir, und das wird sich nicht ändern, nur weil ich an einem Abend mal keine Zeit habe. Wenn es darauf ankommt, bin ich für dich da, weil ich für dich da sein möchte und dich lieb habe. Das wird sich nicht ändern!"

Halbzeit! Fünf verschiedene Persönlichkeitsstörungen einschließlich wesentlicher Beziehungsmotive und Denkweisen haben wir nun kennengelernt. Ist Ihnen bereits aufgefallen, was alle gemeinsam haben? Richtig: All diese Personen haben Defizite. Dieser Mangel stammt aus der frühen Phase des Heranwachsens. Haben Sie das Prinzip einmal verstanden, können Sie die Defizite im Gespräch auffüllen, indem Sie eine entsprechende Sprachstruktur aufbauen – und darin liegt Ihre Verhandlungsmasse! Es geht also darum, sich zu fragen, wie ich mit einer Person aufgrund ihrer vergangenen Erfahrungen am besten rede. Achtung, das ist keine Aufforderung zur Manipulation! Jegliche Gespräche und Verhandlungen, egal welcher Art, sollten immer mit Respekt erfolgen. Ist Ihr Mitarbeiter eher ängstlich und ohnehin schon übermäßig gewissenhaft, dann hilft es nicht, wenn Sie ihn unter Zeitdruck setzen. Er wird bessere Arbeit leisten, wenn Sie ihn stattdessen loben und ermutigen, einfach mal zehn Minuten länger Pause zu machen. Handelt es sich aber um eine Mitarbeiterin, die ein wenig zu selbstsicher oder gar überheblich an das Projekt herangeht, dann hilft es ihr, wenn Sie sie herausfordern und an ihren Kampfgeist appellieren.

Sie sehen: So erreichen Sie Ihre Verhandlungsziele und bleiben nicht nur fair, sondern tun Ihrem Gegenüber sogar Gutes!

2.2.6 Anankastische Persönlichkeitsstörung

An das Beispiel von unserem äußerst gewissenhaften Mitarbeiter knüpfen wir nun mit der anankastischen Persönlichkeitsstörung (F60.5, ICD-10) mit acht typischen Eigenschaften und Verhaltensweisen an:

1 Anankastikerinnen und Anankasten haben starke Gefühle von Zweifel und sind übermäßig vorsichtig.
2 Sie beschäftigen sich ständig mit Details, Regeln, Listen, Ordnung, Organisation und Plänen.
3 Ihr Perfektionismus behindert den Abschluss von Aufgaben.
4 Übermäßige Gewissenhaftigkeit und Skrupel sind Teil ihres Alltags.
5 Sie sind unverhältnismäßig leistungsorientiert und vernachlässigen oder verzichten deshalb mitunter sogar ganz auf Vergnügen und zwischenmenschliche Beziehungen.
6 Die Befolgung sozialer Konventionen steht an oberster Stelle und sie sind zudem übertrieben pedantisch.
7 Rigidität und Eigensinn prägen ihre Persönlichkeit.
8 Andere haben sich völlig unbegründet ihren Gewohnheiten unterzuordnen oder sie zeigen eine starke Abneigung dagegen, ihre Mitmenschen etwas machen zu lassen.

Treffen mindestens vier dieser Merkmale zu, gelten Menschen als krankhaft anankastisch. Grundlegende Beziehungsmotive sind Wichtigkeit und Anerkennung sowie Autonomie und Solidarität. Denkmuster können in Form von Sätzen auftreten wie: „Beziehungen sind nicht solidarisch“, „Ich werde abgewertet“, „Ich verlasse mich besser auf mich selbst“, „Ich gebe besser wenig von mir selbst preis, um nicht kritisiert zu werden.“

2.2.7 *Ängstliche oder selbstunsichere Persönlichkeitsstörung*

Weiter geht es mit der ängstlichen oder auch selbstunsicheren Persönlichkeitsstörung (F60.6, ICD-10), zu der die folgenden sieben Eigenschaften zählen:

1. Betroffene sind andauernd angespannt und besorgt.
2. Sie sind davon überzeugt, sozial unbeholfen, unattraktiv und minderwertig im Vergleich mit anderen zu sein.
3. Sie hegen eine übertriebene Sorge, in sozialen Situationen kritisiert oder abgelehnt zu werden.
4. Persönliche Kontakte werden nur dann geknüpft, wenn sie sich sicher sind, gemocht zu werden.
5. Aufgrund eines hohen Bedürfnisses nach körperlicher Sicherheit besteht ein eingeschränkter Lebensstil.
6. Aus Furcht vor Kritik, Missbilligung oder Ablehnung werden berufliche oder soziale Aktivitäten, die einen intensiven zwischenmenschlichen Kontakt bedingen, vermieden.
7. Überempfindlichkeit gegen Ablehnung und Kritik können weitere Merkmale sein.

Mindestens vier dieser Punkte müssen für eine ängstliche Persönlichkeitsstörung vorliegen. In Beziehungen wollen die Betroffenen wichtig genommen und anerkannt werden. Sie haben Sätze im Kopf wie: „Ich bin nicht männlich/weiblich genug“, „Ich habe keine Eigenschaften, die eine Partnerin oder einen Partner interessieren“, „Ich kann andere nicht unterhalten.“

Im Vorwort hatte ich erwähnt, dass Sie in diesem Buch erfahren werden, was Sie tun können, wenn eine Freundin eine schlechte Partnerwahl getroffen hat. Wie Sie mit dieser Freundin reden, sodass Ihre Botschaft auf liebevolle und sorgende Art und Weise ankommt, hängt natürlich von ihrem Persönlichkeitstyp ab. Nehmen wir also an, sie weist ängstliche Charakterzüge auf. Sie könnten Folgendes zu ihr sagen:

„Ich weiß, dass du dir Zweisamkeit wünschst und nicht allein sein möchtest. Aber ich sehe, dass dein Partner dich nicht gut behandelt. Über kurz oder lang wirst du dich genau deshalb noch viel einsamer fühlen. Gib dir eine Chance, den richtigen Partner zu finden, und löse dich von dieser Person, die deine Unsicherheit ausnutzt, um in ihrer eigenen Eitelkeit zu glänzen. Ich bin davon überzeugt, dass du das schaffst! Und du bist dabei nicht allein. Ich bin für dich da."

2.2.8 *Abhängige oder dependente Persönlichkeitsstörung*

Kommen wir zur abhängigen oder auch dependenten Persönlichkeitsstörung (F60.7, ICD-10) mit den folgenden sechs Merkmalen:

1. Diese Personen ermuntern andere oder erlauben es anderen, wichtige Lebensentscheidungen für sie zu treffen.
2. Die eigenen Bedürfnisse werden denen jener Menschen untergeordnet, zu denen ein Abhängigkeitsverhältnis herrscht. Gegenüber deren Wünschen zeigen sie sich unverhältnismäßig nachgiebig.
3. Sie zeigen eine mangelnde Bereitschaft, selbst angemessene Ansprüche gegenüber ihren Mitmenschen zu äußern.
4. Wenn sie allein sind, haben Betroffene oft unbehagliche Gefühle, die aus einer übertriebenen Angst, nicht für sich allein sorgen zu können, herrühren.
5. Sie beschäftigen sich häufig mit der Furcht davor, verlassen zu werden und dadurch auf sich selbst angewiesen zu sein.
6. Erkrankte sind nur eingeschränkt fähig, Alltagsentscheidungen zu treffen, und müssen dafür zahlreiche Ratschläge und Bestätigungen von anderen einholen.

Mindestens vier dieser Verhaltensweisen sind für die klinische Diagnose einer abhängigen Persönlichkeitsstörung notwendig. In Beziehungen sind dependenten Typen Verlässlichkeit und Solidarität am wichtigsten. Typische Denkweisen lauten: „Beziehungen sind nicht belastbar, sodass Konflikte dazu führen können, dass meine Partnerin oder mein Partner die Beziehung beendet", „In der Beziehung bekomme ich keine Unterstützung", „Allein gelassen zu werden ist die schlimmste aller möglichen Katastrophen!" Menschen, bei denen nur zwei oder drei dieser Punkte zutreffen, bezeichnet man in der Psychologie auch als überangepasst.[16]

Wenn Sie es mit Menschen zu tun haben, die dependente Züge aufweisen, ist es sehr wichtig, Kraft und Stärke zu besitzen. Verlässlichkeit ist hier das Tool zur Überzeugung. Stellen Sie sich vor, Sie leiten einen Verein mit ehrenamtlichen Mitarbeitenden. Es gibt einen Mitarbeiter, der bei jeder Kleinigkeit Ihren Rat einholt, obwohl er schon seit zwei Jahren dabei ist. Zudem beobachten Sie, dass er ständig für andere einspringt, dabei wirkt er müde und überarbeitet. Laden Sie ihn auf einen Kaffee ein und äußern Sie Ihre Besorgnis, dass er sich auf einen Burn-out zubewegen könnte: „Wir kennen uns jetzt seit zwei Jahren und ich sehe, wie engagiert und zuverlässig Sie sich unserem guten Zweck widmen. Sie leisten hier wunderbare Arbeit. Aber ich mache mir auch Sorgen um Sie, weil Sie unverhältnismäßig oft für andere einspringen und jede Aufgabe übernehmen, um die Sie jemand bittet. Ich kann mir vorstellen, dass das sehr viel für Sie ist und Sie sich müde fühlen. Ich weiß Ihre Zuverlässigkeit zu schätzen. Aber ich möchte, dass Sie wissen, dass ich die Hauptverantwortung für den Verein trage. Sie dürfen sich auf mich und auch auf Ihre Kolleginnen verlassen. Sie sollten ruhig mal die eine oder andere Schicht absagen. Es nützt keinem etwas, wenn Sie am Ende vor Erschöpfung umfallen. Keine Sorge, wir halten Ihnen den Rücken frei. Und was Ihre regelmäßigen Aufgaben bei uns anbelangt – ich vertraue Ihnen ganz und gar. Sie müssen mich nicht bei allen Entscheidungen fragen. Ich habe in den letzten Jahren gesehen, dass Sie ein 1A-Gespür haben. Sie machen das gut. Wenn Sie dann doch mal Fragen haben, bin ich selbstverständlich für Sie da."

Es geht also immer auch darum, jemanden mit seinen eigenen Bedenken zu konfrontieren. Das nennt sich übrigens „Labeln“. Dadurch werden Ängste und Bedenken sozusagen aus dem Emotionszentrum des Gehirns, dem limbischen System, in den rationalen Teil des Gehirns, den präfrontalen Cortex, katapultiert. Auf diese Weise können Sie vor allem Persönlichkeiten mit ängstlich-unsicheren beziehungsweise dependenten Tendenzen helfen, Entscheidungen für sich zu treffen. Andernfalls bleiben diese Menschen in ihren Emotionen stecken und somit auch in der Angst davor, Entscheidungen zu treffen.

Zuletzt kommen wir noch auf zwei Typen zu sprechen, die im ICD-10 beide unter die Kategorie „Sonstige spezifische Persönlichkeitsstörungen“ (F60.8) fallen: die passiv-aggressive Persönlichkeit und die narzisstische Persönlichkeit.

2.2.9 Passiv-aggressive Persönlichkeit

Bei passiv-aggressiven Personen liegt ein tiefgreifendes Muster negativistischer Einstellungen und passiven Widerstandes gegenüber Forderungen nach angemessenen Leistungen vor. Entsprechende Verhaltensweisen beginnen im frühen Erwachsenenalter und treten in einer Vielzahl von Zusammenhängen auf:

1 Betroffene widersetzen sich passiv der Erfüllung sozialer und beruflicher Routineaufgaben.
2 Sie beklagen sich, von anderen missverstanden und missachtet zu werden.
3 Sie sind mürrisch und streitsüchtig.
4 Diese Menschen üben unangemessene Kritik und verachten Autoritäten.
5 Diejenigen, die offenbar mehr Glück zu haben scheinen, werden beneidet. Dieser Neid wird offenkundig mit Groll zum Ausdruck gebracht.

6 Sie beklagen sich übertrieben und anhaltend über das eigene Unglück.
7 In ihrer Gefühlswelt wechseln sie zwischen feindseligem Trotz und Reue hin und her.

Vereint eine Person mindestens vier dieser sieben Merkmale in sich, so gilt sie klinisch betrachtet als passiv-aggressiv. Zentrale Beziehungsmotive sind die Wahrung der eigenen Grenzen sowie das Streben nach Autonomie und Anerkennung. Glaubenssätze sind zum Beispiel: „Andere respektieren meine Grenzen nicht und werden diese bestimmt überschreiten wollen“, „Andere achten nicht auf mich“, „Wenn andere meine Grenzen überschreiten, werten sie mich ab und signalisieren mir damit, dass ich nicht okay bin.“

Angenommen, Sie haben es im Unternehmenskontext mit einem passiv-aggressiven Prokuristen zu tun, der Gelder abgezweigt haben soll. Sie möchten ihn gern „überführen“. Denken Sie daran, dass er sich mit seiner Meinung nicht akzeptiert fühlt und daher seine wahre Einstellung nicht einfach offen äußern wird. Laden Sie ihn deshalb ein, sich nach und nach zu öffnen, indem Sie ihm „Ich-Botschaften“ anbieten: „Ich weiß ja nicht, wie es Ihnen geht, aber ich finde, dass die Vorstände hier unfähig sind. Aber das ist nur meine Meinung…“ Gehen Sie außerdem mit Lob und Aufwertung vor. Sagen Sie ihm, wie bemerkenswert hingegen seine Arbeit sei. Fragen Sie ihn, was er an Ihrer Stelle machen würde. So gewinnen Sie sein Vertrauen, weil Sie seine Art der Handlungsform spiegeln.

2.2.10 Narzisstische Persönlichkeitsstörung

Zum Schluss kommen wir zur narzisstischen Persönlichkeitsstörung (ebenfalls F60.8, ICD-10). Schlagzeilen wie „Ist meine Chefin eine Narzisstin?“ oder „Die unerträgliche Partnerschaft mit einem Narzissten“ sind Ihnen in den Medien bestimmt schon das eine oder andere Mal begegnet. Die narzisstische Persönlichkeitsstörung tritt zwar laut

Lehrbüchern genauso wie die Psychopathie nur bei rund vier Prozent der deutschen Bevölkerung auf, doch ist die Zahl in den deutschen Führungsetagen im Verhältnis wesentlich höher. Bei einer groß angelegten Studie[17] im Jahr 2020 wurden 9.918 Personen befragt, darunter 2.510 Führungskräfte. Die Wirtschaftsingenieurin und Co-Autorin der Studie Victoria Berg erklärt, dass narzisstische Tendenzen zunehmen, je höher man in der Hierarchie kommt. Zudem seien sie und ihre Kollegen Marcus Heidbrink und Florian Feltes mit ihrer Datenerhebung darauf gestoßen, dass gerade junge Frauen und Männer um die 25 Jahre die höchsten narzisstischen Werte aller Altersgruppen aufweisen. Ihre These: Es wächst eine narzisstische Generation heran. Sie sehen also, es lohnt sich, auch dieser Persönlichkeitsstörung mit den folgenden neun Eigenschaften unsere Aufmerksamkeit zu schenken:

1. Betroffene erleben ein grandioses Gefühl der eigenen Wichtigkeit. Sie neigen dazu, die eigenen Leistungen und Talente zu übertreiben, und erwarten – ohne entsprechende Leistungen –, als überlegen anerkannt zu werden.
2. Sie sind stark eingenommen von Fantasien über grenzenlosen Erfolg, Macht, Glanz, Schönheit und ideale Liebe.
3. Diese Menschen glauben, besonders und einzigartig zu sein. Nur andere besondere oder angesehene Personen beziehungsweise Institutionen können sie verstehen und lediglich mit diesen lohnt es sich zu verkehren.
4. Sie verlangen nach übermäßiger Bewunderung.
5. Ein übertriebenes Anspruchsdenken ist Teil ihres Alltags. Beispielsweise erwarten sie stets eine besonders bevorzugte Behandlung oder dass andere automatisch auf ihre eigenen Erwartungen eingehen.
6. In zwischenmenschlichen Beziehungen zeigen sie sich ausbeuterisch, das heißt, sie ziehen Nutzen aus anderen, um ihre Ziele zu erreichen.

7. Es mangelt ihnen grundlegend an Empathie. Sie sind nicht gewillt, die Gefühle und Bedürfnisse anderer zu erkennen oder sich gar mit ihnen zu identifizieren.
8. Betroffene sind häufig neidisch oder denken, dass andere neidisch auf sie selbst seien.
9. Sie legen arrogante und überhebliche Haltungen an den Tag.

Sind mindestens fünf dieser Eigenschaften gegeben, spricht man von krankhaftem Narzissmus. In Beziehungen wollen diese Menschen anerkannt und in ihrer eigenen Wichtigkeit bestätigt werden. Ein negatives Selbstbild mit unterbewussten Glaubenssätzen wie „Ich bin nicht gut genug", „Ich scheitere immer wieder", „Mich liebt sowieso keiner" wird mithilfe einer Kompensationsstrategie bekämpft. Dadurch entsteht auf bewusster Ebene ein positives Selbstbild mit Sätzen wie „Ich bin besser als die meisten anderen" und „Ich kann noch mehr schaffen". Aufgrund der steigenden Zahlen empfehle ich Ihnen, sich mit Narzisstinnen oder Narzissten noch näher auseinanderzusetzen.[18]

Zu den insgesamt zehn Krankheitsbildern aus dem ICD-10, die wir uns angeschaut haben: Wenn es Ihnen nach der erstmaligen Lektüre der Persönlichkeitsstörungen so geht wie mir damals, dann werden Sie nicht panisch. Keine Sorge, Sie haben Sie nicht alle! (Verzeihen Sie das Wortspiel.) Es ist völlig normal, dass wir uns beim Lesen in einigen Punkten wiedererkennen. Wir alle sind Menschen und keiner ist in einem absolut perfekten Umfeld aufgewachsen. Wie ein bekanntes Sprichwort so schön sagt: „Wenn du keine Schatten wirfst, stehst du nicht im Licht." Wir alle haben positive und negative Anteile in uns. Genau das ist der Punkt. Deshalb hilft Ihnen das Studium der Persönlichkeitsstörungen so sehr im Umgang und in Verhandlungen mit Ihren Mitmenschen.

Neben diesen zehn Persönlichkeitsstörungen gibt es übrigens noch zahlreiche weitere sowie Kombinationen. Auch wird fachlich unterschieden: Ist das Zustandsbild beziehungsweise Verhaltensmuster die Folge einer Schädigung oder Krankheit des Gehirns oder wurde es durch konstitutionelle Faktoren und soziale Erfahrungen im frühen oder späteren Verlauf der individuellen Entwicklung ausgeprägt?

In einem erst kürzlich abgeschlossenen Fall mit einer Serie von fast 140 Brandstiftungen in Deutschland spielte Pyromanie eine entscheidende Rolle. Neben zahlreichen Feuern legte der Täter auch Ölspuren und sägte Bäume an, um Autofahrerinnen und Autofahrern durch auf die Straße fallende Äste Schaden zuzufügen. Pyromanie, auch als pathologische Brandstiftung bezeichnet, fällt unter die Persönlichkeits- und Verhaltensstörungen des ICD-10, die durch abnorme Gewohnheiten und Störungen der Impulskontrolle gekennzeichnet sind.[19] Die Betroffenen beschäftigen sich anhaltend mit Feuer und Brand. Sie haben oft eine wachsende innere Anspannung vor der Tat und verspüren eine starke Erregung nach ihrer Ausführung. Häufig steht diese Störung im Zusammenhang mit einer sexuellen Dysfunktion. Im besagten Fall war es mir gelungen, in Mimik und Körpersprache des Beschuldigten Anzeichen einer solchen sexuellen Dysfunktion zu erkennen. In seiner Haltung fehlte Körperspannung und er strahlte auf allen Ebenen, auch im Gesicht, Unsicherheit aus. Zudem wies der Mann stark dependente Züge auf. Mit diesem Wissen konnten die Ermittlerinnen und Ermittler und ich eine gezielte Sprachstruktur für die Befragung erstellen und damit nach relativ kurzer Zeit ein Geständnis erlangen.

Zugegebenermaßen klingt das etwas einfach. Ganz so simpel sind Facereading, das Lesen der Körpersprache, das Erkennen der Persönlichkeitsmerkmale sowie das Erstellen von Sprachstrukturen natürlich nicht. Ich habe den großen Vorteil, auf über zehn Jahre Erfahrung zurückgreifen zu können. Nach der Lektüre dieses Buches und der Anwendung des hier Gelernten werden aber auch Sie sehen, dass Sie Menschen auf einmal ganz anders einschätzen können. Pyromanie bildet allerdings eher die Ausnahme. Für mein Rizzo-Konzept sind vor allem die erstgenannten zehn Persönlichkeitsstörungen relevant, die einige Menschen im Laufe ihres Lebens erwerben. All diese Eigenschaften und Merkmale können Sie als eine Art Filter verwenden, um Charakterzüge in anderen zu erkennen und dann die richtigen Überzeugungshebel anzusetzen.

Bevor wir uns aber im nächsten Kapitel diesen Überzeugungshebeln widmen, möchte ich unseren Fall des Drohbriefschreibers weiter aufdecken. Zur Erinnerung: Ein Firmenchef hatte sich telefonisch bei mir gemeldet und mich engagiert, um herauszufinden, wer in seinem Unternehmen einen seiner Mitarbeiter anonym bedroht. Ich hatte erwähnt, dass ich den Täter damals bereits anhand der mir zugesandten Fotos von Verdächtigen erkannt hatte. „Wie das?", fragen Sie sich wahrscheinlich. In seinem Gesicht zeigten sich mir ganz klare passiv-aggressive Züge und in seinem Blick lag Paranoia! Es handelte sich also um einen Unternehmensmitarbeiter, der sich in gewisser Weise verfolgt fühlte, der seine wahre Einstellung nicht offen äußerte und stattdessen indirekt agierte. Na, wissen Sie schon, um wen es sich handelt?

2.3 Die mächtigsten Überzeugungshebel: Was unsere kritischen Filter deaktiviert und uns sonst noch manipuliert

Kommen wir nun zu einem Bereich, den ich persönlich am spannendsten finde. Als ich dieses System verstanden hatte, wusste ich, dass ich die „unsichtbaren Daumenschrauben" entdeckt hatte. Aber von vorn: Es gibt viele Methoden, mit denen sich Ihr Gegenüber überzeugen lässt. Um diese effektiv einsetzen zu können, brauchen Sie zunächst ein Grundverständnis davon, wie wir Menschen kognitiv funktionieren und Entscheidungen treffen. Lassen Sie uns daher einen Blick auf die **Theorie der kognitiven Dissonanz**[20] des amerikanischen Sozialpsychologen Leon Festinger werfen. Vereinfacht ausgedrückt besagt diese Theorie, dass wir Menschen nach Werten und Überzeugungen leben. Sobald wir nicht mehr im Einklang mit unseren Wertvorstellungen handeln, entsteht in uns ein Gefühl der Anspannung und des Unwohlseins – die sogenannte Dissonanz.

Stellen Sie sich vor, Sie haben einen Mitbewohner und zu Ihren Grundsätzen zählt es, nicht zu lügen. Das haben Ihnen schließlich schon Ihre Eltern beigebracht. Nun möchte dieser Mitbewohner aber nicht, dass Sie in der gemeinsamen Wohnung größere Partys feiern, weil Privatsphäre für ihn einen sehr hohen Stellenwert genießt. Sie entscheiden sich trotzdem, an einem Wochenende, an dem er verreist ist, eine Feier auszurichten und ihm nichts davon zu sagen. Sie lügen also, denn auch das bewusste Unterschlagen von Informationen oder das Verbreiten von Halbwahrheiten zählen als Lüge. Trotzdem entscheiden Sie sich, Ihrem Mitbewohner die Feier zu verschweigen – entgegen Ihrer inneren Überzeugung. Ihre Werte und Ihr Handeln liegen nun bildlich gesehen nicht mehr auf einer geraden, kohärenten Linie. Es entsteht ein Bruch, Sie haben ein schlechtes Gewissen.

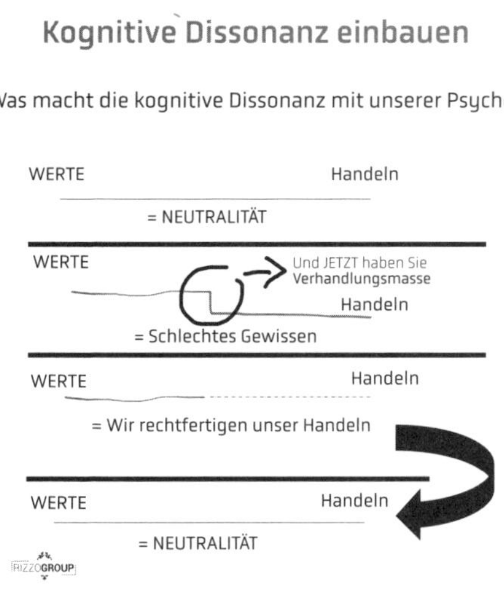

1. Abbildung Quelle: Sabrina Rizzo

An dieser Stelle setzt ein innerer Drang nach Ausgleich ein, denn wir Menschen haben eine starke Tendenz, einen konstanten und ausgeglichenen psychischen und physischen Zustand beizubehalten. Diese Selbstregulierung unseres Körpers und unserer Psyche, Spannungen auszugleichen, nennt man auch Homöostase.[21] Damit wir uns erneut ausgeglichen fühlen, ist es also wichtig, dass wir das Gleichgewicht zwischen unseren Grundsätzen (Werten) und unseren Aktionen (Handlungen) wiederherstellen. Wir fangen an, uns zu rechtfertigen oder Ausreden zu finden: „Mein Mitbewohner hat dadurch keinen Schaden genommen, ich habe nach der Fete alles richtig geputzt. Jetzt ist es sogar sauberer als vorher. In meiner eigenen Wohnung sollte ich die Freiheit haben, Partys zu schmeißen. Es ist nur eine kleine Notlüge, die niemandem schadet."

Wir alle funktionieren so. Wenn Ihre Gesprächspartnerinnen oder -partner also lügen oder in irgendeiner anderen Form entgegen ihrer Werte agieren, dann können Sie das sehen, hören und fühlen. Denn die psychische Anspannung beziehungsweise das schlechte Gewissen können Sie nicht nur im Moment der Lüge wahrnehmen, sondern auch im Nachhinein, wenn sich Ihr Gegenüber rechtfertigt. Ich sage immer: Wer sich rechtfertigt, hat einen Grund. Wer sich dagegen einfach nur erklärt, der bleibt kohärent in seiner Kommunikation. **Erklärung** und **Rechtfertigung** sind zwei völlig unterschiedliche Paar Schuhe. Was meine ich damit? Ich will es Ihnen an einem Beispiel verdeutlichen: Nehmen wir an, Sie sind eine Umweltaktivistin und Sie unterhalten sich mit einer Person über die Klimaerwärmung. Ihr Ziel ist es, diesen Menschen, der anderer Meinung ist als Sie, davon zu überzeugen, das Auto abzuschaffen. Die Überzeugung Ihres Gegenübers wird Ihnen besser gelingen, wenn Sie auf Rechtfertigungen in seiner Argumentation achten und diese für sich nutzen. Eine Person, der die Umweltkatastrophe nicht ganz egal ist, hat einen moralischen Bezug zu diesem Thema. Ihre Wertvorstellungen erkennen Sie an Äußerungen wie: „Na ja, ich habe zwar ein Auto, **aber ich fahre ganz selten, und wenn es mir möglich ist, fahre ich mit der Bahn**." Achtung: Der zweite Satzteil dieser Aussage ist eine

Rechtfertigung! Eine Person, die sich rechtfertigt, hat ein schlechtes Gewissen. Sie verlangt auf emotionaler Ebene Verständnis vom anderen. Eine Person, die erklärt, verlangt kein emotionales Verständnis. Sie erläutert dem anderen lediglich das Thema, damit er es auf rein rationaler Ebene besser versteht. Stellen Sie sich weiterhin vor, Sie greifen nun diese Rechtfertigung Ihres Gegenübers auf und machen ihm deutlich, dass es dennoch eine Umweltsünde ist, ein Auto zu besitzen. Die Person wird sich jetzt ihres schlechten Gewissens voll bewusst. Zuvor hatte sie es noch mit ihren Rechtfertigungen beruhigen können. Doch nun braucht sie Abhilfe. Das ist Ihre Gelegenheit, Ihrem Gegenüber eine Lösung anzubieten und ihn von Ihrer Sicht der Dinge zu überzeugen: „Auch wenn du nur selten fährst, steht das Auto dennoch vor der Haustür. Und, Hand aufs Herz, wenn es dasteht, wirst du immer wieder dazu verleitet, es doch zu nutzen, und es schädigt die Umwelt. Eine echte Hilfe wäre es, wenn du dir ein Auto teilst – zum Beispiel mit einer Freundin oder einem Freund. Das wäre eine wirkliche Unterstützung für die Umwelt. Auf die Art und Weise könnt ihr extrem viel für die Umwelt tun und spart dazu noch Geld." Die Person wird sich von nun an Gedanken machen, weil ihr Ihre Argumentation zwei Vorteile bietet. Und sollte sie künftig doch einmal das Auto benötigen, wird sie wahrscheinlich trotzdem eher die Bahn nehmen, weil ihr schlechtes Gewissen anspringt. Sie sehen: Wenn sich jemand rechtfertigt, haben Sie sein Wertesystem auf den Kopf gestellt und somit die Achillesverse Ihres Gegenübers getroffen. Und schon haben Sie Verhandlungsmasse!

2.4 Die sechs Prinzipien Cialdinis

Tschiep-Tschiep

Nun möchte ich Ihnen den **Klick-Surr-Effekt** von Robert B. Cialdini vorstellen. Er bildet eine wichtige Verständnisgrundlage für die folgenden sechs Prinzipien. In seinem Standardwerk „Die Psychologie des Überzeugens"[22] erklärt der Sozialpsychologe und

Marketingexperte, dass Menschen – ähnlich wie Tiere – fixe, automatisierte Verhaltensmuster aufweisen, die allein durch einen einzigen Reiz aus ihrer Umwelt ausgelöst werden können. Als Beispiel nennt er das „Tschiep-tschiep“ von Küken, das dazu führt, dass sich eine Truthenne aufopferungsvoll um ihre Jungen kümmert: „Truthennen sind gute Mütter – liebevoll, aufmerksam und beschützend. Einen großen Teil ihrer Zeit verbringen sie damit, das Junge unter ihnen zu behüten, zu wärmen, zu putzen und zu liebkosen; etwas Merkwürdiges hat ihre Methode jedoch: Praktisch das ganze mütterliche Erziehungsverhalten wird durch einen einzigen Reiz ausgelöst: das ‚Tschiep-tschiep‘ der Küken. Andere Merkmale der Küken, wie sie riechen, wie sie sich anfühlen oder wie sie aussehen, spielen anscheinend nur eine untergeordnete Rolle für das Aufzuchtverhalten der Henne. Macht das Küken ‚Tschiep-tschiep‘, wird es von der Henne bemuttert, wenn nicht, wird es von ihr ignoriert oder manchmal sogar getötet. Wie sehr sich Truthennen auf dieses eine Geräusch verlassen, verdeutlichte sehr drastisch der Tierverhaltensforscher M.W. Fox (1974) durch ein Experiment mit einer Truthenne und einem ausgestopften Stinktier.“[23] In dem Experiment, auf das sich Cialdini bezieht, wurde eine Stinktierattrappe auf einen Faden gezogen und auf die Henne zugeführt. Zunächst stürzte sie sich angriffslustig auf den scheinbar gefährlichen Feind. In einem zweiten Schritt des Experiments platzierte man jedoch ein Tonbandgerät in der Attrappe, das das „Tschiep-tschiep“ des Kükens wiedergab. Die Henne folgte dem akustischen Signal und kümmerte sich genauso liebevoll um das ausgestopfte Stinktier wie um ihre eigenen Küken. Das Tonband macht quasi „Klick“ (= „Tschiep-tschiep“) und das standardisierte Band „Aufzuchtverhalten“ wird „surrend“ abgespielt.

Dass dieser Klick-Surr-Effekt auch bei Menschen anzutreffen ist, möchte man kaum glauben. Doch zahlreiche Studien belegen Cialdinis Hypothese. So kann beispielsweise allein das kleine Wörtchen „weil“ der Auslöser dafür sein, dass wir einer Bitte nachkommen. Eine automatische Einwilligungsreaktion wird selbst dann abgespult, wenn nach dem Bindewort keine neuen Informationen folgen. Cialdini bezieht sich hier auf ein Experiment der Sozialpsychologin Ellen Langer und ihrer Mitarbeiterinnen und Mitarbeiter aus dem Jahr 1978: In einer Schlange an einem Kopierer waren die Leute eher gewillt, die Testperson vorzulassen, wenn diese ihre Bitte begründete. „Könnten Sie mich bitte vorlassen, weil ich Kopien machen muss?“ brachte prozentual fast genauso viel Erfolg wie „Könnten Sie mich bitte vorlassen, weil ich es sehr eilig habe?“ (93 Prozent und 94 Prozent). Weit weniger vorgelassen wurde die Testperson hingegen, wenn sie lediglich sagte „Könnten Sie mich bitte vorlassen?“ und keinerlei Begründung folgte (60 Prozent). Der Klick-Surr-Effekt bildet neben kognitiver Dissonanz und Homöostase eine weitere Grundlage für die Wirkweise der **sechs Überzeugungshebel Robert Cialdinis**. Gehen wir also ans Eingemachte.

2.4.1 Reziprozität

Der erste Hebel beziehungsweise das erste Prinzip ist das der Reziprozität. Begegnet ist Ihnen dieses Prinzip schon oft – unter anderem in Form von Sprichwörtern wie „Kleine Geschenke erhalten die Freundschaft“ oder „Wie du mir, so ich dir“. Es bedeutet nichts weiter, als dass kleine Gefälligkeiten bei uns Schuldgefühle auslösen: Wir haben den Eindruck, **etwas zurückgeben oder leisten zu müssen**. Das ist insbesondere dann der Fall, wenn wir das von unseren Eltern so gelernt haben. Wenn wir etwas bekommen, müssen wir auch etwas zurückgeben – und wenn es nur das kleine Wörtchen „Dankeschön“ ist. Oder um es mit den Worten des berühmten römischen Philosophen Marcus Tullius Cicero auszudrücken: „Keine Schuld ist dringender als die, Danke zu sagen.“ Fällt Ihnen etwas auf? Genau, das ist eine Wertvorstellung und Brüche (= kognitive Dissonanzen) auf der Werte-Handlungsebene können Sie zu Ihren Gunsten nutzen!

Ein konkretes Beispiel: Harry Holland und Luna Meeresbrise sind Arbeitskollegen. Für eine gute Zusammenarbeit müssen beide etwas beitragen. Herr Holland leistet aber über einen gewissen Zeitraum mehr und erweist Frau Meeresbrise immer wieder den einen oder anderen Gefallen. Das können Kleinigkeiten wie die Weiterleitung einer E-Mail an die richtige Stelle oder das längere Verweilen im Büro sein, damit Luna Meeresbrise früher gehen kann. Frau Meeresbrise will sich ganz nach dem Prinzip der Reziprozität revanchieren, doch ihr Kollege versichert ihr, dass das nicht nötig sei und es ihm nichts ausmache. Diese Versicherung beruhigt Frau Meeresbrise. Sie hat kein schlechtes Gewissen, ihre Linie zwischen Werten und Handlungen bleibt gerade und es geht ihr gut. Sie empfindet nun Sympathie für ihren Kollegen. Sie mag ihn. Nach ein paar Wochen will Harry Holland gern, dass Luna Meeresbrise etwas für ihn tut. Er weiß aber, dass seine Kollegin diese Sache eigentlich nicht übernehmen möchte, denn es handelt sich um das Einpflegen von Hunderten von Namen in eine Datenbank. „Eine eintönige und zeitraubende Arbeit. Dazu habe ich eigentlich keine Lust", denkt sich Luna Meeresbrise. Herr Holland kann die Hälfte der Namen zwar allein in die Datenbank tippen, doch für die andere Hälfte benötigt er eindeutig Hilfe. Daher setzt er nun seine Verhandlungsmasse ein: „Ich brauche wirklich Ihre Unterstützung. Können Sie bitte nur diese *eine* Sache für mich übernehmen? Schließlich bin ich neulich auch länger für Sie im Büro geblieben. Und das andere Mal habe ich mich um die E-Mail des unzufriedenen Klienten gekümmert." Schwuppdiwupp entsteht bei Frau Meeresbrise eine Anspannung, der Druck in ihrem Wertesystem steigt und die Linie zwischen ihren Werten und ihren Handlungen verläuft nicht länger gerade. Bildlich gesprochen: In ihrem Ozean herrscht Sturm! Doch sie kann den Zustand der inneren Ausgeglichenheit wiederherstellen (= Homöostase), indem sie der Bitte von Harry Holland nachkommt. Hätte Luna Meeresbrise zuvor einen Ausgleich geschaffen, indem sie ebenfalls etwas für ihren Kollegen getan hätte, dann könnte sie diese Tatsache jetzt einsetzen und anders verhandeln. Das hat sie aber nicht und so wirkt der Hebel der Reziprozität bei ihr. Hinzu kommt, dass

Frau Meeresbrise ein menschenorientierter Typ ist und keine dissozialen Züge aufweist. Denn nicht jeder Hebel ist bei jedem Menschen anwendbar.

Sie merken es erneut: Die einzelnen Bausteine meines Konzepts greifen wie Zahnräder ineinander.

2.4.2 Commitment und Konsistenz

Es folgt das Prinzip des Commitments und der Konsistenz. Auch hier gibt es wieder ein Sprichwort als Eselsbrücke: „Der Mensch widerspricht gern anderen, aber nicht gern sich selbst." Eine Person lässt sich mitunter gut überzeugen, wenn Sie sie mit einem Commitment, also einer Art **Verpflichtung oder Bekenntnis**, an sich binden. Das kann auch eine Entscheidung sein, bei der Sie ihr helfen. Wir Menschen wollen konsistent sein und zudem verkürzt und erleichtert es unsere Entscheidungsprozesse enorm, wenn wir auf eine bereits bewährte Auswahl zurückgreifen können. Deshalb nehmen viele tagtäglich das gleiche Frühstück zu sich – eine Erleichterung bei bis zu 20.000 Entscheidungen, die wir pro Tag fällen müssen, denken Sie nicht? Online-Verkaufsplattformen nutzen diesen Hebel, indem sie Wunschlisten für ihre Käuferinnen und Käufer zur Verfügung stellen. Hat eine Kundin oder ein Kunde bereits einmal auf die PX3000 Turbo Booster Baby- und Haustierberuhigungsmaschine in Hellrot geklickt, um sie auf die Wunschliste zu packen, klickt er mit hoher Wahrscheinlichkeit auch noch ein zweites Mal zum Kauf darauf.

Ebenfalls sehr effektiv ist die Erinnerung an ein öffentliches Commitment wie beispielsweise eine Vertragsunterzeichnung oder an ein gegebenes Versprechen. Man spricht hier auch vom sogenannten Overcommitment. Denken Sie nur an Ihre Vorsätze für das neue Jahr. Machen Sie eine Liste und schreiben diese auf (= Overcommitment)? Erzählen Sie nur davon? Oder behalten Sie die guten Vorsätze lieber gleich für sich (= Commitment), weil Sie genau wissen, dass es schwer wird, sich daran zu halten? Vielleicht haben Sie diese Jahresanfangstradition aber auch komplett aufgegeben, denn so umgehen Sie unbewusst Ihre kognitive Dissonanz. Geben Sie in diesem Zusammenhang im Internet den Begriff „Salamitaktik" in die Suchmaschine ein. Diese Taktik beschreibt eine Vorgehensweise, bei der man größere Ziele stückchenweise durch kleinere Schritte und Forderungen erreicht. Commitment-Hebel und Salamitaktik in Kombination können sich als probates Mittel erweisen, um ein Geständnis zu erlangen.

Hier ein Beispiel aus meiner Praxis: In einem meiner Fälle vernahmen wir einen Mann, der des Mordes an einem Kind beschuldigt wurde. Wir fingen also an, nicht mehr „Mordopfer", sondern „Kind" zu sagen. Der Beschuldigte stritt nicht ab, dass es sich um ein Kind handelte, und zeigte auch sonst keine Anzeichen, dass ihn das überraschte. Stattdessen nutzte auch er in seiner Argumentation nun das Wort „Kind". Hier hatten wir ein erstes kleines Commitment von ihm erreicht. Hätten wir von Anfang an mit dem Klarnamen des Kindes gearbeitet, hätte der Beschuldigte sicherlich abgestritten, das Kind zu kennen. Eine Stunde später fingen wir dann aber an, das Kind beim Vornamen zu nennen. Der nächste Commitment-Schritt war erreicht, denn wieder protestierte der Beschuldigte nicht. Noch eine Stunde später setzten wir dann den Klarnamen des Kindes, also Vor- und Zunamen, ein. Auch hier erfolgte kein Veto. Warum auch? War er doch den zwei Salamitaktik-Schritten mit Commitment gefolgt … Schließlich bat ich den Ermittler darum, sich etwas verunsichert zu zeigen und nachzufragen, über welches Kind sie gerade sprächen, weil er – der Ermittler – jetzt durcheinander sei. Nach knapp vier Stunden erhielten wir somit den vollen Namen des Kindes aus dem Mund des Beschuldigten, der nun eine Verbindung zuließ, die er zu Beginn der Vernehmung sicher noch abgestritten hätte.

Auch deshalb sei gesagt, dass Leute, die eine hohe Affinität zu Commitment und Konsistenz haben, ihre Zeit brauchen, um Vertrauen aufzubauen. Wenn Sie einen solchen Tatverdächtigen als Vernehmer beispielsweise zu schnell mit kritischen Fragen unter Druck setzen, erhalten Sie eher ein Nein. Dieses Nein dann in ein Ja umzukehren wird schwierig, denn der Tatverdächtige wird konsistent bleiben und auch in der Folge immer wieder Nein sagen. Nutzen Sie daher die Kombination aus Salamitaktik und Commitment und hüten Sie sich davor, zu schnell das große Ganze zu wollen.

2.4.3 Soziale Bewährtheit

Weiter geht es mit dem Prinzip der sozialen Bewährtheit. Vielleicht kennen Sie den Gedanken „Wenn alle das machen, kann es nicht verkehrt sein". Dahinter steckt die Neigung des Menschen, **es anderen gleichzutun**. Allein die Menschenmenge suggeriert uns Beweiskraft. In der Werbung wird dieser Hebel verwendet, wenn es zum Beispiel heißt, dass 99 Prozent der Frauen das Produkt ihrer Freundin weiterempfehlen würden.

Nehmen wir an, Ihr potenzieller Kunde, Herr Zögerlich, ist nach Ihrem Projekt-Pitch immer noch unsicher. Zeigen Sie ihm Bestandskunden aus Ihrem Portfolio. Herr Zögerlich wird es als sehr positiv erachten, dass Ihnen bereits viele andere Firmen Aufträge erteilt haben, und automatisch annehmen, dass Sie der oder die Richtige für das Projekt sind. Da Herr Zögerlich zum menschenorientierten oder rational orientierten Personenkreis zählt, greift bei ihm eine Kombination aus sozialer Bewährtheit und Verständnis. Sie können also zusätzlich so etwas sagen wie: „Herr Zögerlich, ich finde es gut, dass Sie sich Zeit lassen und nicht gleich entscheiden wollen. Das spricht für Sie. Ich kann Ihnen daher sagen, dass viele meiner Kundinnen und Kunden, die ebenfalls erst zögerten, am Ende ein gutes Gefühl hatten, sich für das Produkt entschieden zu haben."

2.4.4 Sympathie

Wenden wir uns nun Cialdinis Prinzip der Sympathie zu. Sie werden sicherlich zustimmen: Es ist schwieriger, einem sympathischen Menschen etwas abzuschlagen als einem unsympathischen. Wie schaffen Sie also Sympathie? Aristoteles sagte einst: „Die Gleichheit ist die Seele der Freundschaft." Darin steckt eine von drei wichtigen Komponenten von Sympathie – die **Ähnlichkeit**. Wir fühlen uns mit Menschen verbunden, sobald wir Ähnlichkeiten entdecken. Das mag vielleicht daran liegen, dass wir uns selbst am meisten vertrauen können. Ist uns also jemand ähnlich, so wächst unser Vertrauen in diese Person automatisch. Die Personalchefin hat ebenfalls einen Hund? Ihr Date war am selben Urlaubsort wie Sie vor zwei Jahren? Der Makler hat auch gerade die Kita-Eingewöhnung mit seiner Jüngsten hinter sich? Bewusst eingesetzte Ähnlichkeiten helfen Ihnen in Bewerbungsgesprächen genauso wie beim Flirten an einem lauen Sommerabend oder beim Ergattern einer Wohnung auf dem hart umkämpften Immobilienmarkt. Dabei spielen nicht nur Hobbys und soziale Gegebenheiten eine Rolle. Auch ein ähnlicher Kleidungsstil schafft unterbewusst Vertrautheit. Möchten Sie von einer Vorstandsvorsitzenden ernst genommen werden, dann tragen Sie besser einen Designeranzug. Der gleiche Designeranzug ist allerdings fehl am Platz, wenn Sie beim Pizzaabend den Freundeskreis Ihres neuen Partners kennenlernen. Ebenso wichtig, um Sympathiepunkte zu sammeln, sind Ähnlichkeiten in Mimik, Körpersprache und Atmung. Lacht Ihr Verhandlungspartner, sollten Sie nicht Verachtung zeigen. Lässt er die Schultern hängen, hat nach unten gezogene Mundwinkel und vielleicht sogar Tränen in den Augen, braucht diese Person Mitgefühl.

Eine weitere Sympathie-Komponente sind **Komplimente**. Anerkennung und Lob stärken die Verbindung – vorausgesetzt dieser Hebel wirkt bei Ihrem Gegenüber. Denn nicht jede oder jeder reagiert positiv auf Schmeicheleien und mag es, wenn man einen Hype um sie oder ihn macht! Bei manchen Menschen ist es besser, indirekte Komplimente zu verwenden wie zum Beispiel einen höflichen Kommentar zur schönen Büroausstattung.

Die dritte Sympathie-Komponente ist die **Kooperation**. Aufgepasst: Damit ist nicht nur Zusammenarbeit gemeint! Angenommen ich sitze mit Ihnen in einem Wartezimmer und Sie halten mich nicht für sonderlich sympathisch. Nun bitte ich Sie darum, mir ein Taschentuch zu reichen – eine kleine, höfliche Geste, die Ihnen scheinbar nicht viel abverlangt. Doch da ist er wieder, der Bruch in der Wertelinie, die kognitive Dissonanz! Denn eigentlich tun Sie ungern Dinge für Menschen, die Sie nicht mögen. Folglich rechtfertigen Sie sich innerlich und sagen sich selbst: „Ach, die Rizzo ist ja gar nicht so schlimm." Kommt nun eine dritte Person zu uns ins Wartezimmer, so habe ich automatisch mehr Sympathiepunkte bei Ihnen als diese neue Person. Denn wir sind bereits einmal in Kooperation getreten und haben nun einen Rapport – dabei mochten Sie mich anfangs vielleicht gar nicht!

In Sachen Sympathie können Sie selbst ebenso leicht punkten: Denken Sie an den Dresscode, den Ihr Verhandlungspartner gern sehen würde. Machen Sie ihm ein Kompliment, weil er so pünktlich erschienen ist. Und wenn Sie ihm dann noch die Tür aufhalten, weil die Klinke ohnehin in Ihrer Hand liegt, haben Sie schon alle Sympathie-Voraussetzungen für einen guten Verhandlungsstart geschaffen.

Noch ein Geheimtipp: Bevor Sie im Gespräch munter drauflos fragen, bitten Sie erst um Erlaubnis, eine Frage stellen zu dürfen. In den seltensten Fällen erhalten Sie darauf ein Nein. Somit haben Sie schon am Anfang ein Commitment, das gleichzeitig auch eine Kooperation darstellt. Zudem steigt mit dieser ersten Anstandsfrage die Wahrscheinlichkeit, dass Ihr Gegenüber auch die Folgefrage beantworten wird. Welche Frage Sie als zweite stellen, hängt natürlich von der Art der jeweiligen Verhandlung, Ihren Zielen sowie der Art Ihrer Beziehung ab. Vertrauliche Fragen zu stellen und sie beantwortet zu bekommen, ist eine interessante Methode, um eine Bindung herzustellen. In Sachen Liebe und Partnerschaft kann ich Ihnen die 36

Powerfragen des US-amerikanischen Psychologen Dr. Arthur Aron empfehlen („36 Fragen, die zur Liebe führen“).[24]

2.4.5 Autorität

Nun kommen wir zum fünften Prinzip Cialdinis – das der Autorität. Es besagt, dass wir **Menschen in Machtpositionen** eher Glauben schenken als Leuten in niedrigeren Stellungen. Nicht selten gehorchen wir Autoritätspersonen automatisch, ohne uns dessen bewusst zu sein, weil wir es in unserer Kindheit so gelernt haben. Den Anweisungen unserer Eltern, Erzieherinnen und Erzieher sowie Lehrkräfte galt es stets Folge zu leisten. Dieser Gehorsam setzt sich bei vielen von uns auch im Erwachsenenalter fort. Seien es Polizistinnen und Polizisten, Ärztinnen und Ärzte oder Fahrkartenkontrolleurinnen und -kontrolleure – ihnen allen wird in unserer Gesellschaft Autorität zugeschrieben. Bei einigen Menschen führt das dazu, dass der Verstand quasi „abschaltet“ und das Klick-Surr-Prinzip anspringt: Wenn etwas von einer anerkannten Autoritätsperson kommt, muss es stimmen und wir können uns getrost danach richten. Doch nicht nur Menschen sprechen wir Autorität zu. Auch Markenprodukte, Zertifikate, Titel, Kleidung und Luxusgüter können diesen Effekt auslösen. Wem helfen Sie eher mit einem schnellen Telefonat von Ihrem Handy aus – Frau Edel im teuren Hosenanzug oder Herrn Lumpenstrumpf, der verschiedene Socken trägt?

Ein sehr schönes Beispiel dafür ist der Film „Der Hauptmann von Köpenick“: Wilhelm Voigt, gespielt von Heinz Rühmann, saß 15 Jahre lang wegen verschiedener Betrügereien im Gefängnis. Endlich entlassen, will er ein gesetzestreues Leben führen. Doch er hat keinen Pass und bei dem Versuch, sich irgendwie Ausweisdokumente zu beschaffen, gerät er wiederholt in Schwierigkeiten. Schließlich entdeckt er in einem Trödelgeschäft eine alte Hauptmannsuniform. Darin verkleidet befehligt er Soldaten auf der Straße, das Rathaus von Köpenick zu stürmen, um sich dort einen Pass zu beschaffen. Denken Sie nur an die

Macht der Uniform! Der US-amerikanische Ex-Präsident Donald Trump hat den Einsatz des Autoritätshebels auch ohne Uniform nahezu perfektioniert. Er wendete und wendet dieses Prinzip eher subliminal, also unterschwellig an, indem er Leute, die einen Termin bei ihm haben, zum Beispiel unnötig lange warten lässt oder erst verspätet auf die Bühne schreitet. Es ist eine Machtdemonstration, die nicht nur verärgert, sondern auch beeindruckt. Wenn Trump meist verspätet ins Rampenlicht trat, war der Hype um ihn riesig. Durch die Verspätung hatte er seinen Anhängerinnen und Anhängern bereits vorab nonverbal vermittelt, wie wichtig er ist. Über den Einfluss von Macht auf Menschen könnte man ein eigenes Buch schreiben.

2.4.6 Knappheit

Lassen Sie uns stattdessen mit dem sechsten und letzten Prinzip Cialdinis, dem Hebel der Knappheit, weitermachen. Dazu passt die Aussage „**Mangelware ist Qualitätsware**". In der Konsumwirtschaft begegnet uns dieses Prinzip häufig durch Rabattaktionen, die „nur für kurze Zeit" gelten, eine begrenzte Anzahl an noch freien Plätzen im Flieger oder den dezent in Rot verfassten Hinweis auf der Verkaufs-Website „7 Personen sehen sich das Angebot gerade an". Auch die „Limited Edition" ist ein Beispiel dafür. Eine kleine Aufgabe für Sie: Zählen Sie einmal mit, wie oft Sie die Wörter „nur" und „jetzt" in der Werbung hören. Diese beiden Verknappungsworte baue ich übrigens in jede Vernehmung mit ein. Wie gesagt, wenn das Knappheitsprinzip bei meinem Gegenüber dazu führt, dass sich sozusagen der Verstand abschaltet und Denkmuster automatisch ablaufen, warum sollte ich das dann nicht sprachlich umsetzen, um ein Geständnis zu erlangen? Der Knappheitshebel lässt sich ebenso wunderbar zur Motivation eher ungeselliger Mitarbeiterinnen und Mitarbeiter einsetzen. Mit Sympathie oder Reziprozität kommen Sie hier nicht weit. Rufen Sie allerdings Herrn Alleingang in Ihr Büro und erklären, dass *nur* er diese Aufgabe lösen kann, weil er der *Einzige* ist, der dafür qualifiziert ist, dann wird er den Arbeitsauftrag annehmen und sich engagiert dahinterklemmen. Sie sehen, die Worte „nur" und „Einzige" wirken als Auslöser (= Klick) und die automatische Einwilligungsreaktion wird abgespielt (= Surr).

Umso detailgenauer und treffsicherer Sie zuvor in der Emotions- und Persönlichkeitsanalyse waren, desto dezidierter können Sie in der Verhandlung mithilfe der unterschiedlichen Überzeugungshebel auftreten. Ein weiterer Vorteil: Selbst in schwierigen Gesprächen behalten Sie einen kühlen Kopf! Während andere Überzeugungshebel intuitiv einsetzen oder auch nicht, können Sie sie mit dem entsprechenden Training und viel Übung bewusst nutzen. Moralisch gesehen macht Sie das weder zum schlechteren noch zum besseren Menschen. Sie brauchen also keine Scheu davor zu haben, Überzeugungshebel einzusetzen! Sie können es mit dem Internet vergleichen – es kann ein Tool sein, um mehr Wissen zu erlangen, zu wachsen und Menschen zu helfen, oder Leute können es missbrauchen, um andere zu betrügen und auszunutzen. Das Internet ist per se weder gut noch schlecht. Genauso verhält es sich auch mit den Überzeugungshebeln. Tatsächlich gibt es noch eine ganze Menge mehr davon, auch wenn Cialdinis Prinzipien allein schon weitreichende Wirkung zeigen. Dennoch möchte ich Sie mit noch mehr Fachwissen ausstatten. Daher komme ich nun auf die sogenannten Heuristiken zu sprechen.

2.5 Weitere Überzeugungstechniken – Heuristiken, Priming, Framing

In der Psychologie bezeichnen Heuristiken „verkürzte kognitive Operationen, mit deren Hilfe Schlussfolgerungen gezogen werden, ohne komplizierte und vergleichsweise langwierige Algorithmen einsetzen zu müssen".[25] Diese analytischen Denkweisen erlauben es uns – bei nur begrenztem Wissen und wenig Zeit –, ressourcensparend zu hinreichend gültigen Lagebeurteilungen und Entscheidungsfindungen zu gelangen. Dabei kommt es nicht darauf an, die optimale Lösung zu finden, sondern in bestimmten Lebenssituationen schnell und gut agieren zu können. Dadurch können mitunter allerdings Urteilsfehler entstehen. Andere Begriffe für Heuristiken sind zum Beispiel **„Denkabkürzer“** oder **„mentale Shortcuts“**. Als aufmerksame Leserin oder Leser haben Sie es bestimmt schon bemerkt: Denkabkürzer sind uns bei Cialdini bereits begegnet. Es sind die fixen Verhaltensmuster, die abgespielt werden, wenn bestimmte Reize vorgegeben werden. Sie sind das „Surr“ aus dem Klick-Surr-Effekt. In der Kognitionspsychologie unterscheidet man zwischen unterschiedlichen Arten dieser mentalen Shortcuts. Ich stelle Ihnen hier drei vor, die bereits intensiver erforscht wurden: die Verfügbarkeitsheuristik, die Repräsentativitätsheuristik und die Ankerheuristik.

2.5.1 Verfügbarkeitsheuristik

Die Verfügbarkeitsheuristik dient dazu, bestimmte Ereignisse auf ihr **mögliches Eintreten zu überprüfen und eine Risikoeinschätzung vorzunehmen.**[26] Dabei funktioniert das Gedächtnis als Filter für Informationen. Jene Erinnerungen, die unser Gehirn schnell und leicht abrufen kann, tragen grundlegend zur Entscheidungsfindung bei. Andere Erinnerungen, die tiefer vergraben liegen, spielen hingegen kaum eine oder keine Rolle. Bitte beachten Sie: Je häufiger und auffälliger uns eine Information begegnet, desto eher bleibt sie uns im Gedächtnis. Folglich schätzen Menschen die Häufigkeit des Auftretens von Morden und Flugzeugabstürzen in der Regel höher ein, als es tatsächlich der Fall ist. Das ist nicht weiter verwunderlich, bedenkt man, dass in den Medien weitaus häufiger und emotionaler darüber berichtet wird als beispielsweise über Tod durch Krankheit oder eher „unspektakuläre“ Autounfälle. Zudem zeigen Studien, dass unsere Stimmung einen erheblichen Einfluss darauf hat, wie wir Erinnerungen verarbeiten und wieder abrufen.

2.5.2 Repräsentativitätsheuristik

Machen wir weiter mit der Repräsentativitätsheuristik. Sie besagt, dass **eine singuläre Information als repräsentativ für eine ganze Klasse von Informationen angesehen wird.**[27] Stereotypen fallen unter diese Kategorie. Brille, Krawatte und Aktentasche stehen seit eh und je für Buchhalterinnen und Buchhalter. In einem Experiment werden Ihnen drei Menschen vorgestellt: Person 1 und Person 2 weisen die gerade genannten Merkmale auf, die dritte Person trägt hingegen ein farbenfrohes Kleid, zerzauste Haare und einige Tattoos. Was glauben Sie, welche der Personen sind Buchhalterinnen und Buchhalter? Ihre Tendenz wird es sein, Person 1 *und* 2 diesem Berufsbild zuzuordnen. Dabei ist es statistisch gesehen viel wahrscheinlicher, dass lediglich eine der Personen eine Buchhalterin oder ein Buchhalter ist. Sowohl Cialdinis Knappheitsprinzip als auch das Autoritätsprinzip können wir den Repräsentativitätsheuristiken zuordnen. Sie erinnern sich? Mangelware gleich Qualitätsware und Ärztinnen oder Ärzte in weißen Kitteln gleich zuverlässig?

2.5.3 Ankerheuristik

Die Ankerheuristik, auch Ankereffekt genannt, beschreibt das Phänomen, dass unsere **Entscheidungsfindung durch Umgebungsinformationen beeinflusst wird.**[28] Die Psychologen Daniel Kahneman und Amos Tversky, die vor allem durch ihre Arbeiten zu Urteilsheuristiken und kognitiven Verzerrungen bekannt wurden, führten dazu ein interessantes Experiment durch: Einigen Besuchern des naturwissenschaftlichen Museums in San Francisco stellten sie Fragen zur Höhe des größten Küstenmammutbaums. Dabei gaben sie zwei unterschiedliche Ankerwerte vor. Eine Testgruppe sollte die Größe des Baumes schätzen, nachdem zuerst gefragt wurde, ob die Höhe mehr oder weniger als 366 Meter betrüge. Ihre durchschnittliche Schätzung lag bei 257 Metern. Die andere Testgruppe wurde vorher gefragt, ob der Mammutbaum höher oder niedriger als 55 Meter sei. Diese Probanden schätzten den Baum im Durchschnitt nur auf 86 Meter.[29]

Diese sowie zahlreiche weitere Studien haben belegt, dass wir Menschen uns an solchen Bezugsgrößen oder Ankern orientieren, selbst wenn diese unplausibel sind und aus einem thematisch anderen Kontext stammen. Und nun aufgepasst, genau diesen mentalen Shortcut können Sie sich mithilfe eines weiteren Überzeugungshebels zunutze machen: dem Priming.

2.5.4 Priming

Dieser Effekt beschreibt eine unterschwellige Aktivierung von Assoziationen durch bestimmte Reize. Diese **Reize können Bilder, Gerüche, Gesten oder Worte beziehungsweise Fragen** sein.[30] Ziel ist es, Ihre Verhandlungspartnerin oder Ihren -partner durch den von Ihnen ausgelösten Reiz in eine gewünschte Gefühlslage zu bringen. Diese Stimmung beeinflusst in der Folge den Gesprächsverlauf beziehungsweise die Beantwortung aller weiteren Fragen.

Stellen Sie sich vor, Sie befinden sich in einer Gehaltsverhandlung und wollen viel mehr Gehalt, als die Firmenchefin bereit ist zu zahlen. Sie fordert Sie zu Verhandlungsbeginn auf, eine Summe zu nennen. Nun ist es allerdings taktisch klug, nicht gleich zu Anfang eine Zahl in den Raum zu werfen. Besser ist es, zunächst einen Satz ohne Gehaltsvorstellung in das Gespräch einzubauen. Dementsprechend sagen Sie: „Ich habe mich im Internet erkundigt." Nun machen Sie eine kleine Pause und führen dann weiter aus: „Menschen in meiner Branche und mit meiner Erfahrung erhalten zu Spitzenzeiten 170.000 Euro im Jahr." Achtung, Ihr Gegenüber wird erschrecken! Daraufhin sagen Sie: „Ja, ich weiß, ich fange erst neu an und bin noch in der Probezeit. Aus dem Grund bin ich damit einverstanden, wenn wir bei 75.000 Euro starten." Das Einstiegsgehalt liegt eigentlich bei 45.000 Euro. Sie sind von sehr hohen 170.000 Euro bereits auf 75.000 Euro heruntergegangen. Mit diesen Zahlen haben Sie die Firmenchefin geprimt – sie fühlt sich erleichtert, dass Sie sich gehaltstechnisch jetzt nicht mehr in so schwindelerregenden Höhen bewegen. Damit haben Sie ihr das Gefühl vermittelt, ihr einen riesigen Schritt entgegengekommen zu sein. Daher wird sie auch Ihnen entgegenkommen und sagen: „Üblich sind 45.000 Euro, aber wir können mit 55.000 Euro beginnen." Statt bei 45.000 Euro zu starten und sich mühsam hochzuarbeiten, haben Sie durch das Priming anhand der Zahlen eine wesentlich bessere Verhandlungsgrundlage für sich geschaffen.

Andersherum funktioniert es auch. Sind Sie Chefin oder Chef und wollen Ihrem Mitarbeiter weniger zahlen? Begrüßen Sie ihn und erzählen von Ihrem Stauerlebnis: „Mein Gott, ich weiß nicht, wie lange ich heute Morgen in dieser blöden 30er-Zone stand. Das hat ewig gedauert. Bestimmt fünf Minuten stand ich in dieser 30er-Zone. Unfassbar! Aber lassen Sie uns über Ihr Jahresgehalt sprechen…" Merken Sie, was passiert ist? Sie haben Ihr Gegenüber mit niedrigen Zahlen und schlechter Stimmung geprimt. Von 5 oder 30 auf 170.000 Euro zu gehen, ist ein extremer Sprung, den Ihr Mitarbeiter nicht wagen wird. Dass die zuvor genannten Zahlen aus einem komplett anderen Kontext stammen, spielt dabei überhaupt keine Rolle. Klick … surr … Doch nicht nur mit dem Priming-Effekt können Sie in Verhandlungen glänzen.

2.5.5 Framing

Ein weiterer Überzeugungshebel, der auf abkürzenden Denkmustern basiert, ist das Framing. Der Begriff kommt aus dem Englischen und bedeutet (Ein-)Rahmung. „Framing beziehungsweise der Framing-Effekt bezeichnet das **Einrahmen beziehungsweise Einbetten eines Sachverhaltes in ein bestimmtes Bedeutungsumfeld.** Je nach Darstellungsweise eines Themas können Entscheidungen und Urteile durch Empfängerinnen und Empfänger beeinflusst werden."[31] Es ist kognitionswissenschaftlich erwiesen: Wenn ich den Satz „Anna hüpft im Garten“ schreibe und Sie diesen lesen, wird in Ihrem Gehirn das Areal aktiviert, das für Bewegung zuständig ist. Lesen Sie hingegen das Wort „Zimt“, wird die Hirnregion stimuliert, die für das Riechen zuständig ist. Nur ein Wort genügt und unser Gehirn ruft automatisch die damit verbundenen Erfahrungen ab: Klick … surr …

Ich nutze Framing in meiner Arbeit vor allem dazu, bei meinem Gegenüber ein Gefühl zu erzeugen, das ihn oder sie dazu bringt, seine oder ihre Tat zu gestehen. Das mache ich, indem ich mit Worten oder Redewendungen einen Deutungsrahmen kreiere, der die Wahrnehmung der Person verändert. Was meine ich damit? Ich will es Ihnen an einem Fall erklären, der noch nicht allzu lange zurückliegt. Zusammen mit den Ermittlerinnen und Ermittlern hatte ich die Aufgabe, die mögliche Zeugin eines Mordes zu vernehmen. Allerdings handelte es sich um einen Cold Case (deutsch: kalter Fall). Als Cold Cases bezeichnet man Tötungsdelikte, bei denen die Ermittlungsverfahren über Jahre oder sogar Jahrzehnte hinweg ergebnislos verlaufen. Dieser spezielle Mordfall lag bereits 20 Jahre zurück. Es ging also darum, eine Frau zum Sprechen zu bringen, die möglicherweise zwei Jahrzehnte geschwiegen hatte. Zunächst ließ ich mir ein Foto von dieser Frau zeigen, um sie zu analysieren. Recht schnell konnte ich mithilfe des Facereadings feststellen, worauf sie anspringen würde und worauf nicht. Zusätzlich erhielt ich noch die Information, dass diese Frau Mutter ist. Das war unser Ass im Ärmel! Nun konnten wir einen Frame aufbauen, in dem die Zeugin als Mutter die zentrale Rolle einnahm. Wir baten sie, sich vorzustellen, dass sie die Mutter des Mordopfers sei: „Schauen Sie, Frau Zeugin, Sie sind selbst Mutter eines Sohnes. Wie würde es Ihnen gehen, wenn Ihr Sohn von heute auf morgen nicht mehr nach Hause kommt?“ Die Zeugin antwortete daraufhin: „Das wäre das Schlimmste für mich.“ Wir erklärten ihr weiter: „Dann stellen Sie sich vor, Sie wüssten seit 19 Jahren nicht, was mit Ihrem Kind passiert ist … Wie geht es Ihnen damit? Das wäre schrecklich, oder? Wissen Sie eigentlich, dass Sie die einzige Person auf der Welt sind, die der Mutter des Ermordeten die erlösende Antwort geben kann? Ihr endlich sagen kann, was passiert ist und warum … Wie würde es Ihnen gehen, wenn es diese Person gäbe? Das wäre sicher sehr überwältigend. Helfen Sie, damit diese Mutter endlich Ruhe findet, bevor sie stirbt. Sagen Sie, was passiert ist." In diesem Fall funktionierte das Framing außerordentlich gut. Die Zeugin sah sich nicht mehr in erster Linie als Zeugin, sondern als Mutter. Auf diese Weise ließ sie sich überzeugen zu reden. Mit ihrer Kooperation konnten wir den Fall schließlich aufklären.

Framing existiert jedoch nicht nur im Vernehmungszimmer bei der Kripo. Auch Sie wurden in Ihrem Alltag garantiert schon des Öfteren geframt. Wenn uns die Medien von einer erneuten „Flüchtlingswelle" berichten, dann ist das ein Frame. Menschen, die aus Kriegs- und Krisengebieten fliehen, werden hier mit dem Wort Welle, also mit einer Naturgewalt assoziiert. Eine Welle kann sich jederzeit verändern, ist unberechenbar und gefährlich. Gleiches gilt für das Wort „Flüchtlingsstrom". Zudem suggeriert das Wort *Flüchtlinge*, dass es sich um Personen handelt, die kleiner und uns somit unterlegen sind. Durch die Schaffung dieses negativen Bedeutungsrahmens blickt die Bevölkerung von Tag 1 an angespannt und mit Sorge auf die Situation. Nutzt man stattdessen anderes Vokabular und spricht beispielsweise von Geflüchteten und Migration, wird klar, dass die Menschen auch auf der Flucht ihr Leben aktiv mitgestalten und uns nicht einfach „überrollen".

Auch Parteien nutzen politisches Framing im Wahlkampf. Sie wissen genau, dass die Wählerschaft selbst dann auf Sprachbilder reagiert, wenn sie einer Partei kritisch gegenübersteht. Es macht einen großen Unterschied, ob über „die Steuerlast der Bürgerschaft" gesprochen wird oder ob man davon redet, dass „jede und jeder einen Beitrag zum Gemeinwohl leistet", denken Sie nicht? Aus diesem Grund habe ich mich übrigens auch dazu entschieden, dieses Buch in gegenderter Sprache zu verfassen. Worte haben Macht. Sie können Ihr Umfeld damit positiv oder negativ beeinflussen. Man kann nicht auf alles achten. Aber Sie sollten zumindest bei einer Gesprächsvorbereitung daran denken.

Stellen Sie sich beispielsweise vor, Sie haben mit Ihrem Team gerade ein Projekt gepitcht und sind zufrieden, dass es gut gelaufen ist. Nun haben Sie noch ein Follow-up-Gespräch mit dem Unternehmenschef, der natürlich die Leistungen Ihrer Konkurrenz ebenso im Blick hat wie die Ihrigen. Jetzt ist die Gelegenheit, die Vorträge der anderen Gruppen in einen negativen Deutungsrahmen zu setzen und dabei dennoch fair und respektvoll zu bleiben: „Ich denke, mein Team hat hier hervorragende Arbeit geleistet. Ich bin sehr zufrieden mit unserem Pitch. Aber ich muss sagen, die Konkurrenz war auch nicht schlecht." Erkennen Sie, was hier passiert? Mit diesem negativen Framing („nicht schlecht") erkennen Sie die Leistung der anderen an und drücken gleichzeitig aus, dass Ihre Beratungsarbeit die bessere ist. Zudem können Sie den Unternehmenschef von sich überzeugen, indem Sie sich den Carpenter-Effekt und die Spiegelneuronen aus Kapitel 1 zunutze machen. Erinnern Sie sich? Nicht umsonst heißt es „Gute Laune steckt an". In welcher Verfassung Sie in den Pitch gehen, ist mindestens genauso wichtig wie die Art und Weise, wie Sie dem Chef emotional begegnen. Sollte er Ihnen ein Getränk anbieten, sagen Sie Ja. Selbst wenn Sie es nicht wollen, ist es besser, das Getränk dann stehen zu lassen und nicht zu trinken, als ein Nein in den Raum zu werfen. Denn eine Ablehnung, so klein sie auch sein mag, macht immer etwas mit der Atmosphäre. Wie anfangs schon einmal erwähnt, sind Gefühle entscheidende Schlüsselelemente in jeglicher Art von Verhandlung. Behalten Sie das immer im Hinterkopf! Und denken Sie am besten gleich von Anfang an an unsere vorherigen Beispiele zu den Überzeugungshebeln Sympathie und Kooperation. Wenn Sie den Chef darum bitten, Ihnen ein Glas Wasser einzuschenken, dann tut er Ihnen damit einen Gefallen und kooperiert. Noch besser ist übrigens ein warmes Getränk. In einer Studie hat man herausgefunden, dass ein Heißgetränk vor einem Meeting dazu führt, dass sich die Wahrscheinlichkeit eines positiven Meetingverlaufs um zehn Prozent erhöht.

2.5.6 Orientierungsreflex

Eine weitere Möglichkeit, Ihre Gesprächspartnerin oder Ihren Gesprächspartner zu überzeugen, steckt im sogenannten Orientierungsreflex. Dieser wurde erstmals 1927 von dem russischen Physiologen und Medizin-Nobelpreisträger Iwan Petrowitsch Pawlow beschrieben. Bei diesem Phänomen wird durch unerwartete Stimuli ein komplexes Reaktionsmuster ausgelöst und ein Zustand gesteigerter Aufmerksamkeit hergestellt. **Unser Gehirn blendet aufgrund von Überraschung, Neugier oder einer drohenden Gefahr andere Reize aus.** Unser Verhalten verändert sich und wir konzentrieren uns ausschließlich auf den ursprünglichen Umweltreiz, der diesen Zustand bei uns ausgelöst hat.[32] Sie alle kennen das. Auf einer Cocktailparty stecken Sie mitten in einer Unterhaltung, doch am anderen Ende des Raumes fällt Ihr Name. Sie orientieren sich neu. Ihre Aufmerksamkeit wechselt nun automatisch zum Nachbargespräch. Sie bekommen nicht länger mit, was in Ihrem Konversationskreis erzählt wird.[33]

Sich widersprechende Reize sowie neue, komplexe Reize lösen ebenfalls eine Orientierungsreaktion aus. Das gezielte Triggern einer Orientierungsreaktion kann insbesondere in Vernehmungen zum gewünschten Erfolg führen.

Stellen Sie sich vor, Sie führen zunächst eine recht entspannte Unterhaltung mit einer Tatverdächtigen. Ganz plötzlich und unvermittelt wechseln Sie nun das Thema und stellen folgende Frage: „Sie waren doch gestern im Kino oder nicht? Schließlich stand Ihr Auto dort auf dem Parkplatz. Das konnten wir anhand der Überwachungskamera sehen." Jetzt setzt die Orientierungsreaktion ein. Ihr Gegenüber muss sich sowohl auf physiologischer als auch auf Verhaltensebene auf diese neue Information einstellen. Hier gilt es, ganz genau hinzuschauen und sehr aufmerksam zu sein! Ist die Person nicht schuldig, wird sie irritiert und verwirrt antworten. Ist sie aber schuldig, wird ihr Körper auf den Vorwurf mit einem hohen Maß an Anspannung reagieren: Die Pupillen erweitern sich, Atmung und Herzschlag werden schneller, der Muskeltonus wird gesteigert und auf der Haut können sich kleine Schweißperlen bilden. Wenn die Person nun abstreitet, vor Ort gewesen zu sein, dann stimmen ihre Worte nicht mit der Reaktion ihres autonomen Nervensystems überein. Es liegt also ein Widerspruch in den Kommunikationskanälen vor und Sie haben somit ein erstes Lügenindiz an der Hand. Solange die Person den Reiz noch nicht verarbeitet hat, können Sie sogar noch eins draufsetzen und weiter nachhaken: „Wie kommt es denn, dass Sie dort gesehen wurden?" Jetzt kann es zum sogenannten retardierenden Moment kommen. Das ist der Moment, in dem es bei schuldigen Menschen etwas länger dauert, ehe sie antworten. Sie müssen kurz überlegen, ob sie nicht vielleicht doch gesehen wurden und was sie darauf antworten. „Denkt sich jemand gerade eine Unwahrheit aus, bindet das eine gewisse Menge gedanklicher Energie, und genau das kann dazu führen, dass diese Sprechpause nötig wird", erklärt Kriminalpsychologe Jens Hoffmann in seinem Bestseller „Menschen entschlüsseln".[34]

Natürlich können Sie diese Art der Wahrheitsfindung auch in anderen Kontexten anwenden, zum Beispiel, wenn Sie Ihren Partner des Fremdgehens verdächtigen oder vermuten, dass Ihr Mitbewohner in Ihrer Abwesenheit ohne Ihre Zustimmung eine Party ausgerichtet hat. Zugegeben – das ist natürlich eine sehr konfrontative Art der Gesprächs- und Verhandlungsführung.

Etwas subtiler und angenehmer, dafür aber nicht weniger wirksam ist das **Phantomlob**. Wir alle bekommen gern Komplimente, geben aber nur ungern welche. Wenn wir also ein Lob zu Unrecht erhalten, dann legen wir uns danach umso mehr ins Zeug, um es zu rechtfertigen. Denn wir wollen uns das Lob nicht nur in die Tasche stecken, sondern es auch bei Gelegenheit herausholen können, um uns selbst oder andere damit zu ermutigen und zu beeindrucken. Sagen Sie einem cholerischen Kumpel, wie großartig er immer Konflikte löst, so wird er sich beim nächsten Mal mit hoher Wahrscheinlichkeit mehr Mühe geben, einen Streit nicht eskalieren zu lassen. Oder loben Sie Ihr Kind, wie fleißig es täglich seinen Hausaufgaben nachgeht – es wird Ihren Worten gerecht werden wollen. Apropos Kind, wissen Sie, warum Eltern immer sagen: „Geh hoch *und* räume dein Zimmer auf"? Oder: „Geh bitte in die Küche *und* erledige den Abwasch"? Auch ohne die Ortsangabe wüsste ein Kind, was zu tun ist. Man sollte annehmen, ein einfaches „Räum dein Zimmer auf" oder „Erledige bitte den Abwasch" sollten reichen. Doch das kleine Wörtchen „und" macht hier den entscheidenden Unterschied! Verknüpft man zwei Aufforderungen miteinander, ist die Wahrscheinlichkeit, dass Ihr Gegenüber Ihrer Anweisung oder Bitte nachkommt, wesentlich höher. Das Wort „und" fällt mehr ins Gewicht, als wir vielleicht denken. Auch in der Werbung nutzt man diesen Fakt aus. „Haribo macht Kinder froh und Erwachsene ebenso" lautet beispielsweise ein bekannter Slogan, der zwei Zielgruppen auf geschickte Weise miteinander verbindet.

Wie Sie sehen, begegnen Ihnen jeden Tag diverse Überzeugungsmethoden in den unterschiedlichsten Situationen. Werbung und Marketing sind voll davon. Aber auch die täglichen Nachrichten beeinflussen uns enorm. Zum einen interpretieren wir Informationen, die wir zuerst bekommen, zumeist als Wahrheit. Zum anderen führt ständige Wiederholung zu einer Illusion von Glaubwürdigkeit. Je öfter der ehemalige US-Präsident Donald Trump behauptete, die Wahl sei ihm gestohlen worden, desto mehr erhöhte er die Chance, dass Menschen ihm Glauben schenken würden. Im Fachjargon nennt man das Wahrheitseffekt oder Illusory Truth Effect.

2.5.7 Wahrheitseffekt

Niemand ist davor gefeit. Studien zeigen, dass fast alle Menschen gleichermaßen auf diesen Mechanismus reagieren – unabhängig von

Intelligenz, Bildung oder politischer Einstellung.[35] „Wir wissen, man kann Menschen selbst die abstrusesten Dinge einreden, wenn man die eben oft genug wiederholt", sagt der Neurowissenschaftler Henning Beck.[36] Ein weiteres Beispiel dafür ist neben den früheren Twitter-Tiraden Donald Trumps die Weiterverbreitung von Verschwörungstheorien wie den Chemtrails.[37] Doch nicht nur grober **Unfug wird durch Wiederholung in unserem Kopf zur Wahrheit.** Wenn wir am Morgen im Autoradio die Nachricht von einem Flugzeugabsturz hören, in der Mittagspause unser Kollege davon spricht und wir am Abend von der „Tagesschau" ebenfalls darüber informiert werden, dann wird die Welt für uns Stück für Stück zu einem unsichereren Ort. Natürlich ist ein Flugzeugabsturz eine tragische Nachricht. Trotzdem handelt es sich dabei um lediglich eine einzige von Dutzenden von Nachrichten an jenem Tag. Doch mit jeder Wiederholung gewinnt diese Nachricht an Glaubwürdigkeit und Gewicht. Steter Tropfen höhlt das Hirn, sage ich dazu gern. Wie viel Wiederholung tut uns also überhaupt gut? Achten Sie darauf, womit Sie Ihre Gedanken füllen! Wie oft am Tag müssen Sie die Nachrichten hören? Wie viel Werbung können Sie konsumieren und bleiben dennoch frei in Ihrer Kaufentscheidung?

Unser Hirn ist der Hort unserer Gefühle. Wir sollten darauf achten, womit wir es „füttern" – genauso wie wir darauf achten, womit wir unseren Magen füllen. Gesunder Nachrichten- und Werbekonsum sind nicht weniger wichtig für unser Wohlbefinden als eine gesunde Ernährung. Probieren Sie es doch einmal aus und machen Sie eine vierwöchige Nachrichten-Entschlackungskur. Die Welt wird deshalb nicht untergehen. Das stelle ich seit zehn Jahren immer wieder fest. Ich selbst höre mir nur einmal am Tag, nämlich mittags, die Nachrichten an und bin damit genauso auf dem Laufenden wie Sie. Zudem empfehle ich Ihnen, Ihren Tag morgens nicht mit den Nachrichten voller Weltuntergangsszenarien zu starten und mit dieser Art von Priming auch nicht abends zu Bett zu gehen. Mit dieser Meinung stehe ich nicht allein da. Erst kürzlich ermittelte das Vocer Institut für

Digitale Resilienz in Verbindung mit Forsa in einer Studie, dass sich immer mehr Mediennutzerinnen und -nutzer „News Fatigue" (deutsch: Nachrichten-Erschöpfung) und digitalem Burn-out nähern.[38] Selbst Leute aus der Medienbranche raten daher zu einer gewissen „Medienhygiene" mit verträglichen Zeitfenstern für die Mediennutzung.

Doch kommen wir wieder zurück zum Wahrheitseffekt. Andersherum können Sie diesen als ein weiteres, positives Überzeugungswerkzeug einsetzen. Stellen Sie sich vor, Sie wollen eine potenzielle Kundin davon überzeugen, einen Consulting-Vertrag bei Ihnen zu unterzeichnen. Wichtig ist, dass Sie schon zu Beginn des Gesprächs drei- bis viermal erwähnen, wie qualitativ hochwertig Ihre Arbeit ist. Mein Geheimtipp: Wählen Sie immer wieder andere Worte – sonst fällt es zu sehr auf! Sie könnten beispielsweise sagen: „Die Fachkompetenz meiner Firma in diesem Bereich ist einzigartig. In der Zusammenarbeit mit anderen Klientinnen oder Klienten wurde uns immer wieder bestätigt, wie seriös unsere Arbeitsprozesse verlaufen. Es ist uns ein besonderes Anliegen, die bestmögliche Leistung für Sie zu erbringen. Das erkennt selbst unsere Konkurrenz an." Sehen Sie, mir nichts, dir nichts haben Sie in nur vier Sätzen bei Ihrer Kundin eine neue Wahrheit etabliert. Sind Sie selbst Empfängerin oder Empfänger einer solchen Botschaft, müssen Sie sich allerdings nicht „wehrlos ergeben", auch wenn wir alle vom Wahrheitseffekt beeinflusst werden. Möchte Ihnen jemand seine Dienste verkaufen und preist seine Leistungen immer wieder auf unterschiedliche Weise an, so haken Sie einfach genauer nach und hinterfragen seine Fachkompetenz: „Wann war denn Ihr letzter Auftrag? Wie verlief dabei die Kooperation mit Drittdienstleistern? Gab es am Ende einen messbaren Gewinn im Unternehmen des Kunden?" Auch wenn es sich hier um Automatismen handelt, Sie haben dennoch in einem gewissen Rahmen die Möglichkeit, die Kommunikationsstrategie Ihres Gegenübers sowie Ihre eigenen Denkprozesse zu überprüfen. Mehr dazu erfahren Sie in Kapitel 4 zum Thema „Lügenerkennung und Wahrheitsfindung". Zunächst möchte ich Ihnen aber noch zwei letzte Überzeugungshebel an die Hand geben: den Primär- und den Rezenzeffekt.

2.5.8 *Primäreffekt*

Der Primäreffekt liegt einer kognitiven Verzerrung zugrunde und beruht darauf, dass **Menschen sich an früher eingehende Informationen besser erinnern als an später eingehende Informationen**. Nachgewiesen wurde das Gedächtnisphänomen 1952 durch empirische Experimente des polnisch-amerikanischen Sozialpsychologen Solomon Elliot Asch zur Eindrucksbildung.[39] Eine besondere Form des Primäreffekts ist der erste Eindruck. Sie alle kennen es: Wirkt ein Mensch in der ersten Begegnung auf Sie arrogant, speichert Ihr Gehirn diese Information ab und wird sie mit hoher Wahrscheinlichkeit auch dann beibehalten, wenn die Person sich im späteren Gespräch offen und herzlich zeigt. Selbst gute Eigenschaften unseres Gegenübers betrachten wir dann im Licht dieser ersten, negativen Information. Für Verhandlungen bedeutet das, dass Sie einen positiven ersten Eindruck hinterlassen sollten: Achten Sie auf Ihr Äußeres und Ihre Körperhaltung. Tragen Sie einen gut sitzenden Anzug. Lächeln Sie und steigen Sie mit Ihrem stärksten Argument in das Gespräch ein!

2.5.9 *Rezenzeffekt*

Dem Primäreffekt steht der Rezenzeffekt gegenüber. Der Rezenzeffekt ist ebenfalls ein Gedächtnisphänomen, bei dem **zuletzt erhaltene Informationen stärker gewichtet werden**. „Was denn nun?", werden Sie an dieser Stelle wahrscheinlich denken. Was zunächst widersprüchlich erscheint, ist es allerdings nicht. Denn welcher Effekt greift, ist situationsabhängig. Meist spielt der Primäreffekt eine größere Rolle, doch auch für den Rezenzeffekt gibt es zahlreiche Beispiele. Wenn Musikerinnen und Musiker ihre beliebtesten Songs erst bei der Zugabe spielen, bewirken sie damit, dass ihre Fans mit einem starken letzten Eindruck nach Hause gehen.[40] Oftmals können sich die beiden Effekte sogar ergänzen. Man könnte auch sagen: **Der erste Eindruck zählt und der letzte bleibt.** Besonders gute Chancen haben Sie als Bewerberin oder Bewerber auf einen Job, wenn Sie morgens als erste Kandidatin oder erster Kandidat auftreten und am Ende des Arbeitstages eine E-Mail schicken, in der Sie sich für das angenehme Gespräch bedanken. Oder Sie haben „zufällig" Ihren Schirm vergessen und treffen die Chefin sogar noch einmal auf dem Flur, wo Sie sich sogar persönlich bedanken und ihr einen schönen Feierabend wünschen können. Bitte nehmen Sie sich diesen Rat aber nicht zu sehr zu Herzen! Ich sehe nämlich schon Beschwerden von zig Firmenchefinnen und -chefs bei mir eingehen, die bis zum Feierabend herrenlose Schirme hüten müssen.

Ein Quäntchen Humor, angebracht an der richtigen Stelle, kann sich übrigens ebenfalls positiv auf Ihre Verhandlungskünste auswirken, denn dann greift das Prinzip der Sympathie. Das kennen Sie ja bereits. Einige meiner Seminarteilnehmenden sind manchmal unschlüssig, welches dieser vielen Überzeugungswerkzeuge sie einsetzen sollen. Dann antworte ich gern: Manchmal weiß man nicht, welcher Hebel wirkt, aber irgendeiner wirkt immer! Wenn Sie die unterschiedlichen Prinzipien, Effekte und Phänomene oft genug anwenden, werden Sie mit der Zeit immer effektiver in ihrer Nutzung werden.

3

BAUSTEIN 3/4:
FRAGETECHNIK BEHERRSCHEN

Als angehende(r) Verhandlungsexpertin oder -experte ist es für Sie von besonderer Wichtigkeit, wie Sie nun all diese Überzeugungshebel aus dem letzten Kapitel in einem Interview, einer Vernehmung oder einer Diskussion sprachlich umsetzen. Hier fällt mir der Satz ein: „Ein Diplomat, der Ja sagt, meint Vielleicht. Ein Diplomat, der Vielleicht sagt, meint Nein, und ein Diplomat, der Nein sagt, ist kein Diplomat." Denn um herauszufinden, was eine Diplomatin oder ein Diplomat beziehungsweise Ihr jeweiliges Gegenüber wirklich denkt, bedarf es der richtigen Fragetechnik.

Vorab ist es jedoch wichtig, erst einmal herauszufinden, in welcher Verfassung sich Ihr Gegenüber in dem Moment Ihres Gesprächs befindet. Sie müssen also zurück zum Ursprung! Erst nachdem Sie die Person mithilfe der Bausteine 1 und 2 des Rizzo-Konzepts dechiffriert haben, können Sie mit Ihrem kritischen Thema beginnen. Denn sonst begehen Sie in der Vernehmung Fehler wie den

Othello-Fehler. Dieser Effekt beschreibt eine Fehlbeurteilung in intensiven Befragungssituationen, bei der die Nervosität befragter Personen fälschlicherweise als Beleg einer Lüge gedeutet wird.[41] Treten Sie folglich Ihren Verhandlungspartnerinnen oder -partnern nicht zu schnell skeptisch gegenüber! Beobachten Sie sie stattdessen in einem entspannten Gesprächsrahmen und analysieren Sie währenddessen die Baselines.

Bleiben wir im Sinne Shakespeares beim Beispiel des Liebesbetrugs: Nehmen wir an, Sie verdächtigen Ihren Partner, fremdzugehen. Wenn er Ihnen nun supergut gelaunt begegnet, sind Sie womöglich geneigt, zu glauben, dass er sich erst kürzlich mit seiner Affäre getroffen hat. Vielleicht ist er aber deshalb so fröhlich, weil er ab morgen Urlaub und keine Arbeit mehr auf dem Tisch hat. Es gilt also nicht nur herauszufinden, was die aktuelle Gemütslage der Person ist, sondern auch, *warum* er oder sie sich in dieser Stimmung befindet. Ein schönes Beispiel dafür ist einer meiner vergangenen Fälle. Aus den Unterlagen konnte ich damals entnehmen, dass der Beschuldigte regelmäßig und sehr pünktlich Schlaftabletten einnahm. Dank der TKÜ (Telekommunikationsüberwachung) konnte ich diesen wichtigen Hinweis in meine Beratung einfließen lassen und den Kolleginnen und Kollegen der Kripo den Tipp geben, den Zugriff vor der Einnahme der Medikation durchzuführen. Sie können sich vorstellen, die Vernehmung wäre sonst vollkommen anders verlaufen!

Haben Sie Gemütslage und -grund erst einmal entschlüsselt, ist jegliche Abweichung vom Stimmungsmoment als ein Indiz zu betrachten, hinter dem möglicherweise mehr steckt. Somit haben Sie die wichtigste Grundvoraussetzung für Ihre Befragung geschaffen. Ich weiß, ich weiß, es kribbelt Ihnen in den Fingern, die Hummeln im Hintern drehen Loopings und Sie möchten endlich die Wahrheit aus Ihrem Gegenüber herauskitzeln. Zumal wir uns mit den letzten Zeilen schon im Bereich der Lügenerkennung bewegt haben. Erst einmal kommen wir jedoch wieder zu den Fragetechniken zurück.

3.1 Drei Regeln für die Gesprächsvorbereitung

Eine gute Gesprächsvorbereitung ist das A und O für den Erfolg einer Vernehmung. Das gilt auch für alle anderen Verhandlungsarten. Zum Auftakt habe ich deshalb drei Regeln, nach denen Sie sich richten sollten.

3.1.1 Regel 1 für die Gesprächsvorbereitung

Gehen Sie niemals unvorbereitet in ein Interview. Sammeln Sie zunächst relevante Informationen. Angenommen, Sie haben die Vermutung, dass Ihr Kind in der Schule gemobbt wird. Versuchen Sie im Hintergrund für sich herauszubekommen, warum Sie auf diese Idee gekommen sind. Welche Indizien sprechen dafür? Erst dann können Sie im Gespräch mit Ihrem Kind an entscheidender Stelle nachhaken: „Okay, du sagst, dir geht es in der Schule gut, aber kann deine schlechte Laune vielleicht auch ein wenig mit diesem einen Mitschüler zusammenhängen? Das könnte ich gut verstehen. Den mag ich auch nicht sonderlich." Damit signalisieren Sie Ihrem Kind, dass Sie eigentlich schon Bescheid wissen. Es muss sich nicht länger herausreden, weil Sie ihm die nötige Unterstützung anbieten, die es braucht. Ziel ist es, dass Sie mit jenen Informationen in eine Verhandlung gehen, die Ihrem Gegenüber sagen, dass Sie eigentlich schon alles wissen und sozusagen nur noch sein „Okay" brauchen.

3.1.2 Regel 2 für die Gesprächsvorbereitung

Vermeiden Sie physische Barrieren zwischen Ihnen und Ihrer Gesprächspartnerin oder Ihrem Gesprächspartner. Egal ob Stühle, Tische oder ein Fahrrad – all das steht im Weg und versperrt Ihnen die Sicht. Wie wollen Sie die Körpersprache der Befragten deuten, wenn Sie sie gar nicht richtig betrachten können? Außerdem schenken Barrieren

Lügnerinnen und Lügnern Sicherheit. Wenn Sie schon einmal auf einer Bühne gestanden oder vor der Klasse ein Referat gehalten haben, kennen Sie das Gefühl, dass Sie sich hinter dem Pult sicherer fühlen. In einer kritischen Verhandlung, in der es hier und da auch schon mal zu Lügen kommen kann, nehmen Sie Ihrem Gegenüber ein Stück weit das Selbstvertrauen. Eine weitere Barriere stellen im Übrigen auch Notizen dar. Wenn Sie mitschreiben, verlieren Sie Ihren Fokus auf die Person. Deshalb rate ich von jeglicher Art von Mitschriften ab. Wenn Sie jedoch nicht anders können, dann nehmen Sie sich ein Aufnahmegerät zur Hand. Falls das jedoch nicht möglich ist, weil dafür selbstverständlich immer die Zustimmung Ihres Gegenübers nötig ist, dann lassen Sie den Stift beim Mitschreiben zumindest in den entscheidenden Momenten liegen.

Es ist klar, dass völlige Barrierelosigkeit nicht nur den Beschuldigten, sondern auch die Ermittlerinnen und Ermittler verunsichern kann, wenn sie diese Art von Vernehmung nicht gewohnt sind. Das kann man aber trainieren. Daher ist die barrierefreie Vernehmung ein wichtiges Thema in meinen Schulungen bei der Kriminalpolizei. Ich kann Ihnen sagen, da treten die interessantesten körpersprachlichen Reaktionen zutage! In dieser Hinsicht sind uns die US-amerikanischen Ermittlungsbehörden übrigens einen großen Schritt voraus.

Das kann man auch in Film und Fernsehen beobachten, die manchmal näher an der Realität dran sind, als wir denken. In einem „Tatort" befragt die Kommissarin (gespielt von Maria Furtwängler) zum Beispiel eine Zeugin im Reitstall, die dabei zur Hälfte vom Pferd verdeckt wird. In US-Serien sehen wir eher frontale Befragungsmethoden oder wenn doch ein Tisch im Raum steht, dann sitzen die Cops zumindest über Eck, um so nah wie möglich am Tatverdächtigen dran zu sein. Wenn Sie als Ermittlerin oder als Ermittler darin geschult sind, keine Barrieren mehr vor sich zu haben, dann können Sie trotz fehlender Schutzgegenstände authentisch und sicher auftreten. Schließlich wollen Sie nicht, dass der Beschuldigte Ihnen auch nur in geringster Weise Unsicherheit oder Instabilität anmerkt. Sonst denkt er sich, dass Sie nichts in der Hand haben und Sie ihm nichts nachweisen können.

Es geht also auch ganz stark um das eigene Verhalten. Wie sehen meine eigene Körpersprache und Mimik aus? Dazu ist es essenziell, dass Sie selbst daran glauben, dass Sie Ihr Gegenüber zur Kooperation bewegen können. Wenn man schon mit Fragezeichen in eine sehr wichtige Vernehmung oder Verhandlung geht, dann strahlt man das nämlich nonverbal aus – insbesondere in den Momenten, wo es kritisch wird. Hier greift wieder das Wissen aus Kapitel 1. Behalten Sie im Hinterkopf, dass nicht nur Sie selbst die Körpersprache und Mimik des anderen lesen möchten, sondern auch Ihre Verhandlungspartnerinnen oder -partner nicht unwissend in diesem Thema sind. Deshalb müssen Sie einmal mehr darauf achten, wie Sie in eine wichtige Verhandlung gehen. Sie brauchen also ein gewisses Mindset, um konsistent zu wirken. Dabei geht es nicht darum, jemanden auf Teufel komm raus zu beschuldigen. Als Vernehmerin oder Vernehmer müssen Sie selbstverständlich sowohl belastend als auch entlastend vorgehen. Aber es macht eben einen Unterschied, ob Sie von vornherein skeptisch eingestellt sind oder ob Sie selbst davon überzeugt sind, dass Sie die Person dazu bringen können, mit Ihnen zu kooperieren und die Ermittlungen zu unterstützen. Ob das durch ein Geständnis oder lediglich eine Zeugenaussage erfolgt, sei letzten Endes dahingestellt. Das richtige Mindset und Selbstvertrauen sind auch in allen anderen Verhandlungssituationen entscheidend für den Ausgang des Gesprächs.

Das Zauberwort hier heißt **Affirmation**[42]: Stellen Sie sich vor, Sie hatten einen langen und anstrengenden Tag. Anstatt sich in die Küche zu stellen und zu kochen, wollen Sie lieber in ein Restaurant essen gehen. Davon möchten Sie nun Ihre Partnerin überzeugen. Die Diskussion darüber könnte folgendermaßen aussehen: „Du, ich habe keine Lust zum Kochen. Lass uns zum Italiener um die Ecke gehen." Diese Null-Bock-Stimmung zeigt sich dabei in Ihrer Mimik. Passend zu Ihrer inneren

Haltung reden Sie gelangweilt. Ihr Mindset ist: „Mal schauen, ob ich meine Partnerin überzeugen kann…" Ich kann Ihnen sagen, so wird es schwierig werden. Stellen Sie sich nun die gleiche Situation mit einer anderen Einstellung und anderen Überzeugungshebeln vor: „Du, Liebes, ich habe heute so richtig Hunger auf eine leckere Pizza von unserem Lieblingsitaliener um die Ecke." Dabei schauen Sie Ihre Partnerin freudig an. Ihre Stimme ist sicher und voller Energie. Ihr affirmatives Mindset ist es, bereits im Restaurant zu sitzen. Sie sehen die gut riechende Pizza schon vor Ihrem inneren Auge. Damit haben Sie Ihr Ziel in Ihrer Vorstellung bereits erreicht, denn innerlich sind Sie schon beim Italiener angekommen. Sie haben keinen Zweifel daran, Ihre Partnerin zu überzeugen. Was denken Sie, welche Variante von Erfolg gekrönt sein wird? Richtig, die zweite! Wenn Sie beim Lesen genau aufgepasst haben, wird Ihnen aufgefallen sein, dass bei diesem Beispiel nicht nur innere Haltung und Selbstvertrauen eine wichtige Rolle spielen. Ihre Wortwahl und insbesondere nonverbale Signale wie Körpersprache, Mimik und die Ausdrücke des neuronalen Nervensystems beeinflussen Verhandlungen enorm! Stellen Sie sich nur einmal vor, Sie würden die Worte aus Szene 2 nehmen, dazu aber Körpersprache, Mimik und Tonfall aus Szene 1 einsetzen. Ganz genau, auch dieses Gespräch wäre nicht zielführend. Das war jetzt schon ein kleiner „Ausflug" mitten hinein in die Gesprächsführung.

3.1.3 Regel 3 für die Gesprächsvorbereitung

Nehmen Sie eine Mappe mit und legen Sie diese auf den Tisch. Das funktioniert bei Vernehmungen wie auch in der Businesswelt. Die Mappe signalisiert, dass Sie Informationen besitzen und sich mit dem Fall auskennen oder dass Sie Fachkompetenz besitzen. Dazu brauchen Sie nicht einmal etwas zu sagen. Allein die Mappe und Ihre Körpersprache reichen, um Souveränität auszustrahlen. Wenn Sie mit Ihrem Kind reden, sollten Sie selbstverständlich keine Mappe mit in das Kinderzimmer nehmen. Wenn Sie jetzt schmunzeln, so wie ich auch, haben Sie den Effekt verstanden.

Doch machen wir weiter in Sachen Fragetechnik. Eine situativ relevante Rhetorik ist für eine gute Befragung unabdingbar. **Situativ** bedeutet, dass wir **auf den aktuellen Emotionszustand der befragten Personen achten** und unsere Fragen danach ausrichten. In keinem der von mir gelesenen Verhandlungsbücher konnte ich diese Tatsache bisher wiederfinden. Dabei ist das absolut entscheidend für den erfolgreichen Ausgang einer jeden Verhandlung! Unser Verständnis von der Welt bildet sich in unserer Sprache ab. Sind wir in der Lage, unsere Sprache zu verändern, verändert sich auch unsere Wahrnehmung von der Realität.[43] Noch wichtiger, das funktioniert auch mit anderen: Reden wir mit unserem Gegenüber in veränderter Sprache, verändert sich seine oder ihre Wahrnehmung von der Realität. Das klingt jetzt vielleicht noch etwas theoretisch, aber bevor ich Ihnen ein paar konkrete Beispiele nenne, lassen Sie uns zwei wichtige Sprachmodelle anschauen, die genau diese Wahrnehmungsveränderung bei unseren Verhandlungspartnerinnen oder -partnern auslösen.

3.2 Zwei bedeutende Sprachmodelle

3.2.1 Sprachmodell 1: Das Milton-Modell

Das erste ist das Milton-Modell nach dem bekannten US-amerikanischen Psychiater und Hypnotherapeuten Dr. Milton Hyland Erickson (1901–1980). Erickson war der Meinung, dass man das Unterbewusstsein des Menschen nicht bewusst lenken kann und dass autoritäre Suggestionsformen immer zu Widerstand führen. Das Unterbewusste reagiere hingegen positiv auf Möglichkeiten, Metaphern, Symbole und Widersprüche. Effektive Suggestion solle daher immer „kunstvoll vage" gehalten werden, um den Zuhörerinnen und Zuhörern Raum zu geben, die entstandenen Verständnislücken selbst mit für sie passenden Dingen auszufüllen.[44] Genau das ist die Grundlage seines Milton-Modells. Hier setzt

man bewusst vage und unkonkrete Beschreibungen und Begrifflichkeiten ein, um bei den Gesprächspartnerinnen und Gesprächspartnern möglichst wenig Widerstand zu erzeugen.

Nehmen wir an, ich bitte Sie darum, sich Ihre Lieblingsfrucht vorzustellen. Denken Sie zunächst an Form und Farbe. Dann denken Sie an den Duft dieser Frucht und daran, wie sie sich in Ihrem Mund anfühlt, wie sie schmeckt … Nun bin ich mit meiner Sprache in Ihrer Welt. Dabei spielt es überhaupt keine Rolle, ob Ihre Lieblingsfrucht ein Apfel, eine Ananas oder eine Aprikose ist. Genauso bin ich in der Welt meines Mitarbeiters, wenn ich ihn im Interview frage: „Kann es sein, dass Sie jemand gesehen hat, wie Sie in das Büro der Kollegin gegangen sind?" Die Frage ist vage genug, um unterschiedliche Möglichkeiten zuzulassen. Der Mitarbeiter wird die Verständnislücken nun selbst ausfüllen und wenn Sie ihn dabei gut genug beobachten, wird er Sie zur Wahrheit führen – ob er will oder nicht! Wenn Sie eine Person davon überzeugen möchten, dass die Wahrheit eigentlich schon auf der Hand liegt, dann müssen Sie grundsätzlich und immer in der Oberflächensprache, also im Milton-Modell der Sprache, bleiben. Der Satz „Sie wissen schon, dass im Büro der Kollegin etwas liegen gelassen wurde" wird einen schuldigen Mitarbeiter erschrecken lassen und er wird eine körpersprachliche Reaktion zeigen – und sei es nur, dass sein Puls steigt. Er muss dann überlegen, welchen Gegenstand er wohl hinterlassen hat. Dabei haben Sie gar nicht behauptet, dass es *sein* Gegenstand ist, sondern nur *ein* Gegenstand. Seine körpersprachliche oder mimische Reaktion wird Ihnen dann den entscheidenden Hinweis geben, ob er der Schreibtischtäter ist oder nicht. Sie haben mit dieser Aussage nur wenig Informationen weitergegeben und bleiben somit in der Vorstellung des Befragten in seinem Worst-Case-Szenario.

Im Übrigen ist die korrekte Anwendung dieses Sprachmusters (sowie auch einiger anderer Überzeugungshebel) eine Kunst. Sie unterliegt je nach Lebensbereich und Fachgebiet unterschiedlichen

Regeln. Nicht alle Verhandlungstechniken, die ich in der freien Marktwirtschaft anwende, kann man eins zu eins in eine Vernehmungssituation übertragen, denn hier gibt das Gesetz den Rahmen vor. Mit wenigen Informationen begeben Sie sich also in die Realität Ihrer Verhandlungspartnerinnen oder -partner. Umso mehr Informationen Sie preisgeben, desto eher gelangt Ihr Gegenüber hingegen in Ihre Realität. Nutzen Sie dazu möglichst spezifische Worte und Beschreibungen. Seien Sie in Ihrer Fragestellung so präzise wie möglich.

3.2.2 Sprachmodell 2: Das Meta-Modell der Sprache

Das Meta-Modell der Sprache beruht auf den Erkenntnissen des polnisch-amerikanischen Ingenieurs und Philosophen Alfred Korzybski (1879–1950)[45] und der Weiterentwicklung seiner Theorien durch die NLP-Begründer Richard Bandler, John Grinder und Robert Dilts.[46] **Mithilfe verschiedener Fragen können Sie bei Ihrer Gesprächspartnerin oder Ihrem Gesprächspartner immer tiefer einsteigen und entdecken, welche Art von Informationen im Hintergrund noch so schlummern.** Sie dringen in die Tiefenstruktur ihrer oder seiner Sprache vor. Denn hinter dem, was wir sagen, steckt immer auch mehr. Wenn Ihr Zeuge also sagt, er hätte am Tatort einen Kastenwagen gesehen, dann lässt er im ersten Moment ganz viele Informationen aus. Ihre Aufgabe ist es, ganz genau nachzufragen, sodass Sie detaillierte und spezifische Aussagen erhalten: „Welche Farbe hatte der Kastenwagen, um welche Marke und welches Modell handelte es sich? Gab es Auffälligkeiten daran? Aufkleber? Kratzer? Dellen? Saß jemand hinter dem Steuer? Waren die Scheiben getönt? Welche Lichtverhältnisse herrschten zu der Zeit? Kann die Farbe des Autos in der Nacht unter einer Laterne vielleicht anders gewirkt haben als im hellen Tageslicht?“ Sie sehen, das Meta-Modell ist hilfreich, um Informationen zu sammeln und Ihrem Gegenüber dabei zu helfen, sich bestimmter Dinge überhaupt erst richtig bewusst zu werden.

Gerade bei der Befragung von Zeugen können Sie dadurch scheinbar „vergessene“ Erfahrungen wieder zugänglich machen. Doch Vorsicht beim Umgang mit Erinnerungen! Nicht umsonst heißt es im Volksmund „Erinnerungen können trügerisch sein“. Das menschliche Gedächtnis ist mitunter sehr unzuverlässig und vor allen Dingen beeinflussbar. Achten Sie daher unbedingt darauf, keine Vorgaben zu machen, sonst übernimmt Ihr Zeuge beziehungsweise Ihre Zeugin Ihre Wahrheit. Dann erhalten Sie unbewusst Ihre eigene Aussage als Gegenaussage. Geben Sie Ihrem Gegenüber beispielsweise keine Antworten vor wie in den folgenden Beispielen: „War das Auto grün oder rot? War es hell oder dunkel? Saßen zwei oder drei Personen darin?“ Wenn die Erinnerungen vage sind und Sie Auswahlmöglichkeiten vorgeben, wird die befragte Person automatisch eine der beiden vorgegebenen Varianten übernehmen. Damit haben Sie dann (unter Umständen) den Schlamassel einer Falschaussage.

Auch im privaten Kontext ist dieses Sprachmodell ein wichtiges Verhandlungswerkzeug. Stellen Sie sich vor, Ihre Tochter ruft in Rage aus: „Nie hört mir jemand zu!“ Sie formuliert damit eine kontextunabhängige Regel, die aber eigentlich auf konkreten, einzelnen Erfahrungen fußt. Nun liegt es an Ihnen, so genau wie möglich nachzufragen: „Hat dir wirklich noch nie jemand zugehört? Wie sieht es denn jetzt gerade in diesem Moment aus? Oder gestern, als du mir nach der Schule von den neuen Turnschuhen erzählt hast, die du gern hättest? Wann genau hattest du denn das Gefühl, dass dir niemand zuhört?“ Vielleicht möchten Sie aber auch einem skeptischen Kunden Ihre Software verkaufen und dieser entgegnet: „Das Produkt ist zu teuer!“ Das erlaubt Ihnen nachzuhaken: „Im Vergleich womit ist das Produkt zu teuer? Haben Sie woanders ein besseres Angebot bekommen? Ist es vielleicht nur diesen Monat zu teuer, weil Sie noch andere Ausgaben geplant haben?“ All das sind weitere Beispiele dafür, dass Sprache in der Fragetechnik situativ angewandt werden muss. Dazu reicht es natürlich nicht nur, die Theorie beziehungsweise die Sprachmodelle zu kennen, sondern das ist ganz klar auch eine Übungssache! Eine kleine Hilfestellung mit „Dos und Don'ts" für Verhandlungen kann ich Ihnen direkt an die Hand geben.[47]

Positiv vs. Negativ

Positives hervorheben	statt	Negatives vorhalten
Gelassenheit zeigen	statt	Aggressiv sein
Leise sprechen	statt	Laut
Zuhören	statt	Reden
Verständnis	statt	Vorwürfe
Bescheidenheit und Einsicht	statt	Selbstherrlichkeit
Lob	statt	Tadel
Eingeständnis von Fehlern	statt	Bestreiten
Beruhigung	statt	Drohung

2. Abbildung Quelle: Josef Wilfing: „Geheimnisse der Vernehmungskunst"

Generell gilt es, stets Positives hervorzuheben, anstatt Ihrem Gegenüber Negatives vorzuhalten. Loben Sie Ihre Mitarbeiterin für ihre zügige Arbeit, anstatt ihr vorzuwerfen, wie viele Flüchtigkeitsfehler sie gemacht hat. Kritisieren können Sie sie im zweiten Schritt immer noch. Das wird sie garantiert besser aufnehmen, als wenn Sie von vornherein mit der Faust auf den Tisch hauen. Das führt uns auch gleich zum zweiten Punkt.

Gelassenheit zu zeigen ist immer besser als ein aggressives Auftreten. Sprechen Sie lieber leise als laut. Laut wird, wer nicht weiterweiß und sich in gewisser Weise ohnmächtig fühlt. Und wenn Sie eines mit dem Rizzo-Konzept nicht sind, dann ist das ohnmächtig! Verlassen Sie sich auf das aus diesem Buch Erlernte, hören Sie zu, anstatt zu reden, und zeigen Sie Verständnis für Ihr Gegenüber. Damit kommen Sie mit Sicherheit weiter als mit Vorwürfen. Mit Bescheidenheit und Einsicht können Sie Ihrem Verhandlungspartner außerdem den Wind aus den Segeln nehmen. Einer selbstherrlichen Persönlichkeit kann man wesentlich leichter widersprechen als einem bescheidenen Menschen, der einem Verständnis vermittelt. Grundsätzlich gilt: Loben Sie, anstatt zu tadeln. Gestehen Sie eigene Fehler ein und bestreiten Sie diese nicht. Beruhigen Sie Ihr Gegenüber, anstatt ihm oder ihr zu drohen. Mögliche Konsequenzen aufzuzeigen kann aber je nach Situation durchaus angebracht sein. Wenn Sie sich an diese Tipps halten, dann steht einer respektvollen Verhandlung auf Augenhöhe schon einmal nichts entgegen.

Eine kleine Ausnahme muss ich dieser Liste allerdings hinzufügen: Wenn Sie es mit Schwerstkriminellen zu tun haben, die psychopathische Züge zeigen, dann werden Sie diese Regeln für ein soziales Miteinander nicht weiterbringen. Dann müssen Sie in die Provokation gehen! Provokant und konfrontativ sind natürlich auch manch andere Gesprächspartnerinnen und -partner. Dazu braucht es nicht unbedingt ein kriminelles Setting, auch wenn die Zahlen von Narzisstinnen oder Narzissten und dissozialen Typen in dem Bereich anteilig höher sind. Wenn Ihnen im Alltag jedoch Menschen begegnen, die scheinbar aggressiv mit Ihnen umgehen, dann liegt das mit hoher Wahrscheinlichkeit daran, dass diese Menschen sich auf einer anderen Talk-Ebene bewegen als Sie.

3.3 Horizontale und vertikale Kommunikation

Haben Sie schon einmal gehört, dass manche Leute eher horizontal kommunizieren und manche eher vertikal? Die international bekannte US-amerikanische Soziolinguistin Deborah Tannen[48] hat dazu ein zweidimensionales Kommunikationsmodell mit vier Achsen entwickelt.

Kommunikationsmodell nach Deborah Tannen

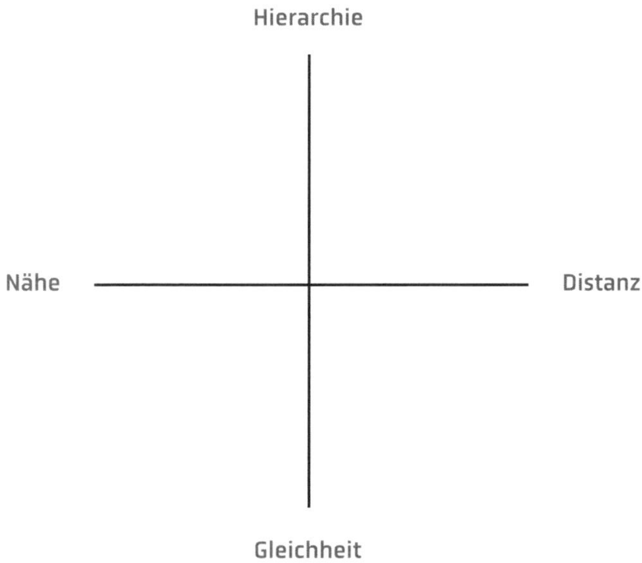

3. Abbildung Quelle: Wikipedia

Die vertikale Kommunikationslinie reicht von Hierarchie bis Gleichheit und die horizontale Kommunikationsebene repräsentiert ein Spektrum von Nähe bis Distanz. In der vertikalen Sprache geht es eher um Machtverhältnisse und in der horizontalen Sprache eher um Verbindung.

Angenommen, Sie sind in einer fremden Stadt und möchten in einem Hotel übernachten. Sie gehen also an die Rezeption. In der vertikalen Kommunikation würden Sie sagen: „Ein Zimmer für eine Nacht, bitte." In der horizontalen Kommunikation hieße es hingegen: „Ich hätte gern ein Zimmer für eine Nacht, ist noch eines frei?" Oder: „Ist es möglich, dass ich ein Zimmer bei Ihnen buche?" Obwohl alle Menschen beide Kommunikationsebenen nutzen, ist doch auffällig, dass Frauen häufiger diejenigen sind, die fragen, also horizontal kommunizieren, und Männer häufiger diejenigen sind, die aussagen, also vertikal kommunizieren.

„Nicht fragen, sondern sagen“ war daher einer der häufigsten Sätze, den ich früher meinen Auszubildenden mitgab, als ich Leiterin der Ausbildungsabteilung des größten Sicherheitskonzerns in Deutschland war. Oft erlebte ich es, dass insbesondere die weiblichen Azubis Fluggäste an der Kontrollstelle folgendermaßen aufforderten: „Können Sie bitte Ihr Gepäckstück auf das Band legen und einmal öffnen? Danke“ (horizontale Sprache). Die meisten männlichen Azubis drückten sich hingegen anders aus: „Legen Sie Ihr Gepäckstück auf das Band und öffnen es einmal, danke“ (vertikale Sprache). Das eine ist eine Frage, das andere eine Aussage. Auf Fragen kann man grundsätzlich auch ein Nein erhalten. Bei einer Aussage kommt Ihr Gegenüber mit großer Wahrscheinlichkeit gar nicht erst auf die Idee, Nein zu sagen.

Zwei weitere wichtige Unterschiede bei horizontaler und vertikaler Sprache sind **Kritik** und **Rechtfertigung**. In meinem Beruf fällt mir immer wieder auf, dass es überwiegend Männer sind, die „das Haar in der Suppe finden“ und ihre Mitstreiterinnen oder Mitstreiter selbst bei exzellenten Performances noch kritisieren. Ein Beispiel dazu: Stellen Sie sich vor, Sie sind die Chefin eines Unternehmens. Zusammen mit Ihrem auf der Führungsebene gleichberechtigten Geschäftspartner erhalten Sie von einer Ihrer Mitarbeiterinnen die Ausarbeitung eines Projektes. Das Proposal ist genial und Sie sind davon absolut begeistert. Deshalb lautet Ihr Feedback an die Mitarbeiterin Frau Einwandfrei: „Ihr Vorschlag ist großartig und die Ausarbeitung wohldurchdacht. Da gibt es nichts weiter hinzuzufügen“ (horizontale Sprache). Ihr Geschäftspartner findet das Konzept ebenfalls großartig, argumentiert allerdings so: „Frau Einwandfrei, Sie begleiten uns nun schon so viele Jahre und ich muss sagen, Sie haben sich in dieser Zeit hervorragend entwickelt. Ihr Proposal ist bis auf eine Nuance nahezu perfekt. Den Bereich XY sollten Sie noch mit einem Hinweis auf XY ergänzen, dann haben Sie es geschafft“ (vertikale Sprache). Welche der beiden Aussagen finden Sie fachkompetenter? Wer hat mehr Ahnung: die Geschäftsführerin oder der Geschäftsführer? Genau, die zweite Person wirkt kompetenter, weil sie einen

Fehler erwähnt hat. Tatsächlich ist diese Art von Kritik ein Tool, das eher Männer verwenden. Damit zeigen sie, dass sie es besser gemacht hätten. Ein reales Beispiel aus dem Entertainment-Bereich findet sich in der Jury von „Let's Dance". Chefjuror Joachim Llambi irritiert das Publikum regelmäßig mit übermäßig kritischen Bemerkungen zu den Leistungen der Tänzerinnen und Tänzer.

Frauen hingegen scheuen sich oft davor, Kritik zu üben, wenn es nichts zu kritisieren gibt. Sie legen in der Regel kein Revierverhalten an den Tag und schrecken eher davor zurück, besser dastehen zu wollen. Wie denn auch? Frauen haben es meist nicht anders gelernt und verstehen die vertikale Sprache nicht. Es versteht sich übrigens von selbst, dass wir Männer und Frauen nicht in Schubladen stecken. Natürlich gibt es ebenso Gegenbeispiele. Häufiger wird diese Art von Kritik aber vom männlichen Geschlecht eingesetzt. Achten Sie einmal darauf.

Von der Kritik gelangen wir auf direktem Wege zur Rechtfertigung. Diese fällt unter die horizontale Sprache und wird weitaus häufiger von Frauen als von Männern angewandt. Wenn ich mich erkläre, signalisiere ich meinem Gegenüber, dass ich mich für etwas rechtfertigen muss. Auf diese Weise gebe ich die Gesprächssteuerung ab und bin nicht länger Moderatorin oder Moderator des Gesprächs. Zudem kann eine Rechtfertigung – egal ob sie von einer Frau oder einem Mann stammt – auch schnell einmal zickig wirken. Ich will es Ihnen am folgenden Beispiel verdeutlichen: Die Studentin Anna Wissbegierig erhält von ihrem Professor einen korrigierten Essay mit einer für ihr Empfinden nicht so guten Benotung zurück. Sie spricht ihn darauf an und geht sofort in die Rechtfertigung: „Aber auf Seite 38 habe ich diesen Sachverhalt doch deutlich gemacht und sogar im Schlusswort komme ich noch einmal darauf zu sprechen…" Sind Sie mit einer Sache nicht einverstanden, ist es besser, wenn Sie stattdessen eine Frage stellen. Anna Wissbegierig könnte ihren Professor zum Beispiel fragen: „Aus welchen Parametern ergibt sich Ihre Bewertung?" Hinzu kommt, dass die meisten Leute möglichst viele Argumente nennen, um sich zu erklären. Doch genau das ist falsch. Denn die Verhandlungspartnerinnen oder -partner werden immer das schwächste Argument aufgreifen und für sich nutzen. Auf der Basis dieses Arguments wird dann das Gespräch weitergeführt.

Nehmen wir an, Sie führen eine Diskussion mit Ihrer Lebensgefährtin, die sich beschwert, weil Sie nicht genug im Haushalt tun: „Ich sitze immer allein da mit der Hausarbeit, weil du zu viel arbeitest." Nun entgegnen Sie: „Häh? Ich habe gestern die Küche gemacht. Außerdem bin ich ohnehin schon hin und wieder am Herd und gerade dabei, eine Putzkraft für uns zu suchen." Ihre Lebensgefährtin wird sich nun das Argument herauspicken, was ihr am besten passt, und adaptiert es zu ihren Gunsten: „Du sagst es ja selbst – ein paar Mal kochen. Das hilft mir nicht viel." Sehr schnell kommen Sie so in eine Pattsituation. Stellen Sie Ihrer Lebensgefährtin lieber Fragen wie: „Was wünschst du dir? Wo hast du Unterstützungsbedarf? Wie kann ich dir konkret helfen? An welchen Tagen hast du das Gefühl, dass du allein dastehst?" Jetzt ist es an Ihrer Lebensgefährtin, sich zu erklären. Sie selbst haben sich überhaupt nicht verteidigt und behalten in der Diskussion den Hut auf. Generell gilt: Bringen Sie nicht mehrere Argumente vor, wenn Sie in einer Überzeugungssituation sind. Das wird sich für Sie nachteilig auswirken. Nennen Sie lediglich ein, maximal zwei Argumente.

Die Differenzen im Sprachgebrauch der Geschlechter sind übrigens darauf zurückzuführen, dass Frauen und Männer in unserer Gesellschaft unterschiedlich konditioniert werden. Plakativ ausgedrückt: Ein Mädchen hat nett nachzufragen, ein Junge darf fordern. Selbstverständlich gibt es auch Männer, die horizontale Sprache, und Frauen, die vertikale Sprache anwenden. Ich denke, da sind wir in den letzten Jahren schon weit gekommen. Dennoch ist es meine zweite große Leidenschaft als Coachin, Frauen in der vertikalen Sprache zu trainieren, um die Chancengleichheit in unserer Gesellschaft noch weiter voranzubringen. Ich möchte Frauen wie Männer ermutigen, sich von Ohnmachtssprache („vielleicht", „eventuell", „wäre es möglich", „könnte", „dürfte" und so weiter) zu lösen und in Worten und Gesten sicher aufzutreten. Vieles in unserer heutigen Welt (Sie erinnern sich an meinen Appell, die Nachrichten mal Nachrichten sein zu lassen?) ist beunruhigend genug, da müssen wir der Verunsicherung nicht auch noch durch unsere Ausdrucksweise Tür und Tor zu unserem Leben öffnen. Zudem hängen Sprache und Handeln sehr eng zusammen. Mein Wunsch ist es also, Sie zu befähigen, frei und stark sowie respektvoll und anständig in Konversationen zu gehen. Es liegt an Ihnen, Verhandlungsräume zu kreieren, in denen Sie nicht nur Ihre Ziele erreichen, sondern gleichzeitig auch Ihren Werten treu bleiben und die Bedürfnisse Ihres Gegenübers wertschätzen. Mit dem Rizzo-Konzept wird Ihnen das gelingen – und dazu gehört eben auch eine zielführende Sprache auf den unterschiedlichen Talk-Ebenen.

Wann horizontale und wann vertikale Kommunikation angebracht ist, hängt stets von der Verhandlungssituation und Ihrem Gegenüber ab. Viele Kinder brauchen eine klare, autoritäre Sprache, aber natürlich gibt es auch solche, bei denen eine Frageform wie „Könntest du bitte deine Hausaufgaben machen?“ vollkommen ausreicht.

3.4 High-Talk-, Basic-Talk- und Move-Talk-Ebenen

Talk-Ebenen

Wenn ich von Talk-Ebenen spreche, meine ich aber nicht nur die vertikale und horizontale Sprache, sondern auch die High-Talk-, Basic-Talk- und Move-Talk-Ebenen nach Peter Modler.[49]

1. **High Talk** bezeichnet ein begründetes, sachliches und differenziertes Sprechen. Beispiel: „Wir können den Bewerbungsprozess professionalisieren, indem wir ein Komitee aus Fachkräften zusammenstellen.“
2. **Basic Talk** ist knapp, unsachlich und persönlich. Beispiel: „Wollen sie wirklich solche Snobs in die Firma holen?“

3. **Move Talk** ist die Bewegung des Körpers im Raum. Es findet keinerlei verbale Kommunikation statt. Beispiel: Sich abwenden und demonstrativ auf das Handy schauen, während die Kollegin den Vorschlag zum Bewerbungskomitee macht.

Von der Art und Weise, wie jemand mit Ihnen redet, hängt ab, wie Sie kontern müssen. Spricht Ihr Gegenüber im High Talk, können Sie darin antworten. Begegnet man Ihnen aber auf der Basic-Talk-Ebene, ist es unbedingt notwendig, dass Sie genauso mit Basic Talk reagieren. High Talk ist in der horizontalen Sprache verortet und bezieht sich immer auf die Sachebene in einer Konversation. Basic Talk gehört hingegen zur vertikalen Sprache und dazu zählen Wertungen, Gefühlsäußerungen und Persönliches. Wenn Ihr Kollege sagt: „Was haben Sie denn da für ein Konzept ausgearbeitet? Da kann man ja nichts mit anfangen", dann ist das eine Wertung. Eine Wertung ist immer auf der Basic-Talk-Ebene zu finden. Viele Menschen, insbesondere Frauen, würden nun anfangen, sich auf der Sachebene zu erklären und damit in den High Talk wechseln. Das funktioniert aber nicht! Ihr Kollege will gar keine sachbezogene Diskussion, er will verunsichern. Er fordert Sie heraus und spielt mit Ihnen. Lassen Sie sich auf das Spiel ein und nehmen Sie die Challenge an – Sie werden sehen, damit werden Sie das Blatt wieder ganz schnell wenden. Entweder gehen Sie nicht weiter auf seine Bemerkung ein (Move Talk) oder Sie kontern im Basic Talk: „Na, dann bin ich mal auf Ihre Ausarbeitung gespannt!" Und schon sind Sie wieder in der Machtposition.

Viele meiner Seminarteilnehmenden entgegnen mir auf ein solches Beispiel: „Frau Rizzo, aber das ist nicht mein Stil." Natürlich ist es nicht Ihr Stil, denn so wurden Sie nicht erzogen. Aber wenn Sie einen wichtigen Geschäftstermin mit chinesischen Verhandlungspartnerinnen und -partnern haben, dann sagen Sie ja auch nicht: „Ich spreche kein Chinesisch, weil ich so nicht erzogen wurde." Nein, Sie lernen die

Sprache oder zumindest Grußworte und höfliche Redewendungen, um erfolgreich mit den Chinesen zu verhandeln. Genauso sollten Sie auch die Sprache des Basic Talk lernen – am besten gleich in Kombination mit dem Move Talk! Der Move Talk ist eine Spielwiese, wie ich immer so schön sage. Man kann darin so viel variieren und damit gleichzeitig so viel erreichen. Im Move Talk setzt man, wie es die Bezeichnung schon sagt, Bewegung und Körpersprache ein. Auch nichts zu tun ist eine nonverbale Kommunikationsart und ebenfalls dem Move Talk zugeordnet. Auf unser Beispiel des Sie abwertenden Kollegen bezogen sollten Sie folgendermaßen reagieren: Schauen Sie ihn mit festem Blick an, lassen Sie ein paar Sekunden verstreichen, lehnen Sie sich nach vorn und kontern Sie im gelassen-herausfordernden Ton: „Na, da bin ich mal auf Ihre Ausarbeitung gespannt!" Jetzt haben Sie auf den Basic Talk Ihres Kollegen mit Basic und Move Talk reagiert. Eine unschlagbare Kombination! Durch Ihre körpersprachliche Antwort evozieren Sie bei Ihrem Kollegen Verunsicherung und tausend Gedanken: „Oh, habe ich jetzt etwas falsch gemacht? Bin ich zu weit gegangen? Was passiert jetzt?" Er gibt sich seine Antwort damit selbst. Auf diese Weise machen Sie ihn innerhalb von Sekunden komplett unsicher und mit hoher Wahrscheinlichkeit sprachlos.

Klingt schwierig? Keine Sorge, Sie können das trainieren. Bleiben Sie ruhig und halten Sie durch. Auch wenn es bei der Kripo um Vernehmungen geht, sage ich immer: Der wichtigste Moment ist der Moment, in dem ich ruhig bin! Nutzen Sie die Situation der unangenehmen Stille für sich aus und lassen Sie sich nicht davon einschüchtern. Bei einer Zeugenbefragung hatten wir einmal den Fall, dass der Zeuge von Beginn an das Ruder in der Hand hielt. Die zweite Befragung wurde von derselben Ermittlerin durchgeführt wie die erste. Normalerweise würde ich immer empfehlen, in einem solchen Fall die Beamten auszutauschen, doch das zusammengestellte Ermittlungsteam ist kein Wunschkonzert. Auch in der zweiten Befragung war es nun der Zeuge, der die Gesprächsführung übernahm, indem er vor allem Gegenfragen stellte. Die ermittelnde Kollegin hatte einen Gegenstand erhalten, der auf die Tat hinwies, und wollte den Zeugen dazu befragen. Sie wollte wissen, ob er Kenntnisse über das in eine Substanz getränkte Tuch besaß. Doch der Zeuge fragte nun sie nach dem Stoffstück. Er zweifelte die Existenz des Tuches an und fragte, ob sie es für ihn holen könne … Sie ahnen es sicher schon – das wäre der größte Fehler, denn es hieße, dass die Ermittlerin seiner Bitte oder Anweisung folgen und damit in die Subordination gehen würde. Der Zeuge war so geschickt in Basic Talk und Move Talk, dass er sich selbst bei der Kripo in eine Machtposition bringen konnte. Statt das Tuch zu holen, musste die Antwort an dieser Stelle lauten: „Ich schlage vor, Sie beantworten zunächst meine Frage, und dann schauen wir weiter."

Wenn ich die Talk-Ebenen vorher als Spielwiese bezeichnet habe, dann heißt das nicht, dass die Lage nicht überaus ernst sein kann. Aber es heißt, dass Ihnen, wenn Sie sich auf die passende Ebene einlassen, ein bunter Strauß an Techniken zur Verfügung steht, um Ihr Gegenüber zu überzeugen und – wenn nötig – in die Schranken zu weisen. Ich selbst wurde vor einigen Jahren einmal von einem externen Dienstleister verbal angegriffen. Als Regionalleiterin trug ich die Verantwortung für das Personal an drei regionalen Flughäfen in Deutschland. Meine damaligen Chefs dachten sich, dass ich auch noch den Ausbildungsbereich übernehmen könnte, da ich sehr firm im europäischen Luftsicherheitsrecht war und schon damals ein Händchen dafür hatte, andere zu trainieren. Da mit diesem Angebot an Mehrarbeit keine Gehaltserhöhung einherging, lehnte ich dankend ab und verwies stattdessen auf externe Schulungsplattformen für unsere Azubis. So kam es also zum Meeting mit dem Geschäftsführer einer Firma, die eventuell unser Ausbildungsgeschäft übernehmen sollte. Er begrüßte mich mit den Worten: „Ach, Sie sind also Frau Rizzo. Von Ihnen habe ich schon viel gehört." Seine Tonalität zielte auf Verunsicherung ab und mir war sofort klar, dass er gerade im Basic Talk eine Abwertung meiner Person vornahm, um mich einzuschüchtern. Anstatt zu antworten, dass ich hoffen würde, er hätte nur Gutes gehört, wie es sehr viele Leute in einer solchen Situation tun würden, konterte ich anders. Ich schaute ihn direkt und ernst an und sagte: „Ich von Ihnen auch" (Konter auf Basic-Talk-Ebene). „Nehmen Sie gern Platz!" (territorialer Hinweis). Dabei lächelte ich nicht (Unterstreichung meiner Kompetenz). Der Geschäftsführer hatte sicherlich erwartet, dass ich diesen Satz mit einem Augenzwinkern rüberbringen würde. In diesem Fall war das Ausbleiben eines erwarteten Lächelns mein Move Talk. Es gilt also, quasi körpersprachlich zwischen den Zeilen zu lesen. Das Machtverhältnis zwischen mir und dem Herrn war damit übrigens wieder ausgeglichen und das gesamte restliche Meeting war von gegenseitigem Respekt geprägt. Eine angespannte Verhandlungssituation dieser Art können Sie nicht durch Nettigkeiten und High Talk auflösen, sondern nur durch eine Begegnung auf Augenhöhe in Basic und Move Talk. Achten Sie allerdings immer darauf, in welchem Verhältnis Sie zu wem stehen.

Ein typischer Grund, warum Leute mit Basic Talk attackieren, ist Territorialverhalten. Stellen Sie sich vor, Sie sind neu in einem Unternehmen und stellen sich unwissentlich auf den Parkplatz von Herrn Platzhirsch. Da er seine Stellung verteidigen und die Hierarchie klären will, begegnet er Ihnen mit Abwertung im Basic Talk. Doch auch in dieser Situation können Sie schnell Abhilfe schaffen. Zeigen Sie Interesse und seien Sie ehrlich: „Sagen Sie, kennen wir uns? Ich habe das Gefühl, Sie begegnen mir mit einer gewissen Animosität." Wenn dann die Sache mit dem Parkplatz angesprochen wird, können Sie sich ganz einfach entschuldigen und sagen, dass das nicht noch einmal vorkommen wird. Und schon kann die nächste Konversation mit Herrn Platzhirsch wieder im High Talk stattfinden.

Achten Sie auch darauf, wie Sie einen Konferenzraum betreten. Gehen Sie auf direktem Wege zu Ihrem Platz und legen fein säuberlich Ihre Unterlagen zurecht, haben Sie im Move Talk mit den Kolleginnen oder Kollegen schon verloren. Scannen Sie stattdessen den Raum.

Schauen Sie, wer anwesend ist und wen Sie der geltenden Hierarchie nach zuerst begrüßen sollten. Strahlen Sie Sicherheit aus und nehmen Sie körperlich Raum für sich ein. Da dürfen Laptop und Schreibblock gern mal ein wenig Platz vom Sitznachbarn wegnehmen, wenn dieser Sie normalerweise im Basic Talk stichelt. Oder stellen Sie sich vor, Sie sind Chefin und kommen zu spät zu Ihrem Seminar. Lassen Sie sich nicht aus der Ruhe bringen, betreten Sie ganz entspannt den Raum und begrüßen Sie die Anwesenden: „Schön, dass Sie alle da sind, dann können wir ja jetzt anfangen." Wenn es darauf ankommt, dann schmunzeln Sie noch ein wenig dabei. Schließlich wissen alle, dass Sie zu spät sind. Damit machen Sie deutlich, Sie sind die Chefin und es ist okay, wenn Sie mal zu spät kommen. Das ist übrigens keine Aufforderung von mir, dass Sie als Führungskraft ständig zu spät kommen sollen! Einige Chefinnen oder Chefs setzen Verspätungen zwar als Autoritätshebel ein, wie wir es in Kapitel 2.4 von Cialdini gelernt haben. Ich selbst als Unterfränkin halte es allerdings in meiner Rizzo Group ganz nach dem Credo: „Fünf Minuten vor der Zeit ist die rechte Höflichkeit." Dennoch sollten Sie sich bei Ihren Seminarteilnehmenden nicht für die Verspätung entschuldigen, denn so gehen Sie in die Subordination und sind quasi „Frischfleisch" für die Gruppe. Ein vertikal kommunizierender Teilnehmer denkt sich dann sofort: „Die hat kein Standing" oder: „Die krieg ich schon provoziert." Mit dem Lächeln fangen Sie zusätzlich die horizontalen Teilnehmenden wieder ein. Wenn Sie die Gruppe allerdings gut kennen und bereits wissen, dass sie Sie auf Augenhöhe betrachtet, dann können Sie selbstverständlich in den High Talk gehen und sich für Ihre Verspätung entschuldigen. „Know your audience", kenne dein Publikum, würde man dazu im Englischen sagen.

Das gilt natürlich ganz besonders für Moderatorinnen und Moderatoren, die die Aufgabe der Gesprächssteuerung haben. Gerade sie sollten High Talk, Basic Talk und Move Talk aus dem Effeff beherrschen. 2019 gab es dazu leider ein nicht ganz so schönes Beispiel aus dem bayerischen Landtag. Der Politiker Walter Lübcke war damals durch einen Kopfschuss ermordet worden. Daraufhin fand im Bayerischen Landtag eine Schweigeminute für ihn statt, bei der alle aufstanden. Nur ein Abgeordneter blieb sitzen und verweigerte damit das Gedenken. Deutlicher kann ein Move Talk kaum sein. Leider wurde sein eklatantes Verhalten in dem Moment auch von der Landtagspräsidentin ignoriert. Eine Möglichkeit wäre jedoch gewesen, ihn mit Basic und Move Talk zurechtzuweisen, zum Beispiel mit den Worten: „Ich bitte den Kollegen XY auch aufzustehen. Das gebietet der Anstand."

Ein ähnlich respektloses Verhalten, nur in einem anderen Rahmen, ist bestimmt vielen von Ihnen schon einmal in Meetings begegnet – in Form der Mitarbeiterin Frau Mümmelmann, die einen Apfel isst, während Sie Ihre Präsentation halten. Das Apfelessen ist ebenfalls ein Move Talk. Es stiehlt Ihnen die Konzentration, weil Sie sich in dem Moment darüber ärgern. Sie scheinen dieser Situation hilflos ausgeliefert. Was sollen Sie denn auch sagen? „Hören Sie auf, Ihren Apfel zu essen." Nein, das geht natürlich nicht. Aber Sie können kontern: „Ach, die Kollegin isst gerade einen Apfel. Ich schlage vor, wir machen eine Pause. Ich nehme an, Sie brauchen eine. Dann dürfen die anderen auch gern etwas essen und danach machen wir gemeinsam weiter." Als Chef des Rings unterbrechen Sie das Meeting einfach. Das sind Basic Talk und Move Talk in Kombination. Entschließt sich Frau Mümmelmann, nach der Pause trotzdem wieder zu essen, sagen Sie: „Sie essen schon wieder einen Apfel." Jetzt schauen Sie die Kollegin an und warten. Nun liegt es an ihr, sich zu rechtfertigen. Sollte sie dann immer noch weiteressen, können Sie diesen Satz wiederholen und sagen: „Frau Mümmelmann, Sie essen schon wieder einen Apfel", oder Sie geben sich damit zufrieden, Frau Mümmelmann und ihr demonstratives Verhalten zumindest geoutet zu haben. Sollte es Ihnen jedoch wichtig sein, dass sie damit aufhört, wiederholen Sie Ihre Feststellung: „Sie essen schon wieder, während ich rede." Da kann selbst die stärkste Gegnerin nicht durchhalten! Es wird Frau Mümmelmann sehr unangenehm sein, denn nun haben auch alle anderen Kolleginnen und Kollegen mitbekommen, was da läuft.

Fassen wir also zusammen: High Talk schlägt niemals Basic und/ oder Move Talk. Basic Talk schlägt aber immer High Talk. Move Talk schlägt Basic Talk und Basic Talk in Kombination mit Move Talk schlägt immer High Talk. High Talk ist nur angebracht im High Talk, also in rational begründeten, intellektuellen Konversationen.

Nehmen wir uns ein letztes Beispiel zu diesem Thema vor: Herr Advokat hat einen Behördentermin. Er meldet sich ordnungsgemäß an, doch Herr Nervmichnicht hinter dem Schalter schenkt ihm kaum Beachtung. Er tippt während der Anmeldung auf seinem Handy herum, würdigt Herrn Advokat keines Blickes und wiederholt, völlig gelangweilt, dessen Namen auch noch falsch. Ausdrucksstärker könnten Basic und Move Talk bei Herrn Nervmichnicht kaum sein. Mit seiner Körpersprache macht er deutlich: „Du interessierst mich eigentlich gar nicht." Und auch verbal sagt er durch die falsche Wiederholung des Nachnamens indirekt aus: „Dein Name interessiert mich nicht. Mir ist völlig egal, wer du bist." Am Ende setzt Herr Nervmichnicht noch eins drauf und weist Herrn Advokat an, er solle sich setzen. Er werde dann abgeholt. Nun kommt er aber dieser Aufforderung, sich zu setzen, nicht nach und entgegnet stattdessen im Basic Talk: „Ich stehe lieber." Herr Advokat sagt damit wiederum insgeheim aus: „Ich mache, was ich will. Mir ist deine Ansage total egal." Herr Nervmichnicht kann das nicht auf sich sitzen lassen und kontert: „Mir wäre es lieber, wenn Sie sich setzen." Herr Advokat geht nun in den reinen Move Talk. Er blickt Herrn Nervmichnicht noch einmal herablassend an, wendet sich ab und bleibt stehen. Er ignoriert also die letzte Ansage. Was können wir uns aus dieser Szene abgucken? Wenn jemand etwas nachdrücklich von Ihnen verlangt, Sie es aber nicht tun wollen und Sie sich bereits erklärt haben („Ich bleibe lieber stehen"), dann ist das Beste, was Sie tun können, die Aussage des anderen zu ignorieren. Move Talk schlägt Basic Talk.

Wichtig ist in solchen Gesprächssituationen immer, dass Sie in Ihren verbalen Bekundungen und in Ihrem Handeln konsistent bleiben. Daran wird Ihr Gegenüber Sie nämlich testen. Übrigens sollten Sie Ihren Verhandlungspartnerinnen und -partnern auch im hitzigsten Schlagabtausch von Basic und Move Talk noch eine zweite Chance geben. Ich sage immer, einmal ist keinmal und zweimal ist einmal zu viel. Faires Verhandeln ist auf jeder Kommunikationsebene möglich!

3.5 Techniken für eine zielführende Sprache

Im Folgenden stelle ich Ihnen ein paar Techniken vor, die sich grundsätzlich auch als Überzeugungshebel einsetzen lassen.

3.5.1 Reden in Bildern

Das Reden in Bildern – also in **Metaphern, Vergleichen, Sprichwörtern und Gleichnissen** – ist eines der wirkungsvollsten Überzeugungstools. Schließlich heißt es nicht umsonst: „Ein Bild sagt mehr als tausend Worte." Im Coaching hatte ich einmal eine Klientin, der es aufgrund ihrer sozialen Erziehung besonders schwer viel, die Basic-Talk-Sprache zu akzeptieren. In ihrem Kopf herrschten Glaubenssätze wie „Was du nicht willst, dass man dir tu', das füg auch keinem anderen zu" oder „Wie du möchtest, dass man mit dir umgeht, gehe auch mit anderen um". Das sind meiner Meinung nach zwei grundlegend falsche Aussagen. Sie missachten die Individualität jeder einzelnen Person. Sie sollten nicht von sich auf andere schließen. Dann verwenden Sie nämlich die falsche Sprache! Doch mit solchen Sätzen werden wir in unserer Gesellschaft konditioniert – so auch meine Klientin. Um ihr die Sinnhaftigkeit des Basic Talk nahezulegen, verwendete ich daher den Aphorismus „Der Köder muss nicht dem Angler schmecken, sondern dem Fisch". Denn beim Überzeugen geht es darum, dass Ihr Anliegen Ihre Zielperson erreicht. Ob es Ihnen schmeckt oder nicht, ist dabei völlig irrelevant. Sie müssen die Sprache verwenden, die Ihr Gegenüber versteht. Sie ahnen es sicher, dass sich meine Klientin am Ende überzeugen ließ. Ich hatte ihr mit diesem Sprichwort ein Totschlagargument geliefert.

Natürlich schmeckt der Köder dem Fisch und Angler müssen das Lockmittel nicht mögen. Dagegen kann man nicht kontern. Wenn Sie auf diese Art ein Ja im Kopf der anderen erwirken, dann haben Sie sie damit überzeugt! Ein weiterer Spruch, den ich gern verwende, lautet: „Ein Amateur hat die Arche gebaut, Profis die Titanic." Haben Sie eine Person vor sich, die an ihren Qualifikationen zweifelt, nur weil sie vielleicht nicht studiert hat, können Sie sie mit diesen Worten wunderbar ermutigen. Natürlich gibt es noch Tausende andere Beispiele für derlei Sprichworte. Sie sehen, es schadet also nicht, wenn Sie sich die rhetorischen Stilmittel aus Ihrer Schulzeit noch einmal zu Gemüte führen.

3.5.2 Labeln

Das nächste Sprachwerkzeug ist Ihnen schon einmal im Kapitel über die Persönlichkeitsstörungen begegnet – das Labeln. Zur Erinnerung: Beim Labeln **benennen und beschreiben Sie im Gespräch Emotionen und Gefühlszustände Ihres Gegenübers**, um diese auf eine rationale Ebene zu holen. Noch einen Tick ausgefeilter ist das antizipatorische Labeln, bei dem Sie Ihre Verhandlungspartnerinnen und -partner durch gezielte Selbstvorwürfe entwaffnen. Sie sprechen ihre oder seine Bedenken an, noch ehe sie oder er sie äußern kann: „Ich weiß, dass es nicht okay war, was ich gemacht habe, und es war auch nicht fair dir gegenüber …" Eine ehrliche Entschuldigung, bei der man sich in die anderen hineinversetzt, kann selbst in extrem aufgeladenen Gesprächssituationen innerhalb kürzester Zeit deeskalierend wirken. Unterschätzen Sie das antizipatorische Labeln daher nicht.

3.5.3 Double-Bind-Sprachmuster

Gold wert in der Fragetechnik ist übrigens auch das Double-Bind-Sprachmuster, denn damit führen Sie gezielt eine Entscheidung bei Ihren Gesprächspartnerinnen und -partnern herbei. Das Double-Bind-Sprachmuster, auch Doppelbindungstheorie oder Theorie der doppelten Botschaften genannt, bezeichnet in der Kommunikationswissenschaft wie auch in der Psychologie ein Muster in der zwischenmenschlichen Kommunikation, bei dem jemand zwei oder mehr widersprüchliche Botschaften erhält und dadurch in ein Dilemma gerät. Die Person steht sprichwörtlich zwischen den Stühlen. Welche der widersprüchlichen Fragen oder Aufträge soll sie annehmen? Daher nennt man dieses Sprachmuster auch das „**falsche Dilemma**". Ein typisches Beispiel ist das Angebot großer Fast-Food-Ketten. Früher wurden Kundinnen und Kunden noch gefragt: „Möchten Sie Ketchup oder Mayonnaise?" Diese Frage ermöglicht uns drei Antworten – entweder wir möchten gar nichts, wir nehmen Ketchup oder wir nehmen Mayonnaise. Ist Ihnen schon aufgefallen, dass die Fast-Food-Ketten nun aber nur noch die folgende Frage stellen: „Ketchup oder Mayo?" Damit assoziiert man zum einen, dass es nichts kostet, und zum anderen überlegt man nicht, ob man die Dips überhaupt möchte, sondern man sieht nur noch die Wahl zwischen Ketchup und Mayonnaise. Die Worte „entweder … oder …" bewirken bei Ihrem Gegenüber eine Entscheidung.

In einer Befragungssituation mit Ihrem Geschäftspartner könnte das folgendermaßen aussehen: „Möchten Sie mit Karte zahlen oder bar?" Das heißt, man stellt gar nicht erst die Frage, ob der Geschäftspartner überhaupt zahlen möchte. Das ist zugegebenermaßen sehr unverschämt, aber wirkungsvoll. Ein weiteres Beispiel: „Warst du gestern vor oder nach acht Uhr abends mit Manfred verabredet?" Im besten Fall wird dadurch bei Ihrem Gegenüber ein Reiz-Reaktions-Muster ausgelöst und er antwortet ehrlich auf die Doppelfrage. Hüten Sie sich allerdings vor manipulativen Double Binds. Hier kommt es häufig vor, dass eine Botschaft verbal und die andere nonverbal transportiert wird. Die

Aussage „Mach doch, was du willst!“ in einem aggressiven Ton und mit wutverzerrtem Gesicht wirkt sogleich doppeldeutig. Auch Sätze wie „Ich gebe dir jegliche Freiheit, aber enttäusche mich nicht!“ sind manipulativ und grenzen an emotionalen Missbrauch. Schützen Sie sich, indem Sie sich abgrenzen und die Widersprüche offen ansprechen. Vielen Menschen ist es gar nicht bewusst, dass sie in Doppelbotschaften kommunizieren oder eben mit Doppelbotschaften konfrontiert werden.

Weitere, oft unterbewusst ablaufende Denkprozesse, die Sie im Bereich der Fragetechnik nutzen können, sind die unterschiedlichen Motivationsstrategien Ihrer Gesprächspartnerinnen oder -partner. Wir alle agieren und reagieren entweder schmerzvermeidend (weg vom Problem) oder lustgewinnend (hin zum Ziel). Menschen, die immer positiv gestimmt sind und sich sagen, dass sie es schaffen, fahren die Lustgewinnstrategie. Sie sehen ihr Ziel vor Augen und überlegen, was sie alles tun können, um es zu erreichen. Menschen, die eher negativ gestimmt sind und Probleme im Fokus haben, verfolgen die Schmerzvermeidungsstrategie. Sie haben ebenfalls ihr Ziel vor Augen, überlegen aber, was sie bedenken müssen, um es zu erreichen, und welche Probleme es zu vermeiden gilt. Der eine sagt sich: „Das pack ich an!“ Die andere denkt hingegen: „Das muss ich vermeiden!“ Das ist übrigens der Grund, warum so viele Motivationscoachings nicht oder nur für kurze Zeit funktionieren und keine nachhaltige Wirkung haben: Die Mehrzahl der Trainerinnen und Trainer in diesem Bereich sprechen lediglich die Sprache des Lustgewinns. Dabei lassen sie aber den größeren Teil der Bevölkerung außer Acht, der eher in Schmerzvermeidungsmechanismen denkt. Wichtig ist es, zu erkennen, dass die eine Strategie nicht besser ist als die andere. Motivieren Sie Schmerzvermeider in der für sie passenden Sprache, kommen diese genauso erfolgreich zum Ziel wie ihre lustgewinnorientierten Mitmenschen. Ich frage mich übrigens schon lange, warum es keine Motivationsbücher zum Thema Schmerzvermeidung gibt. Ich selbst wende in meinen

Coaching-Stunden immer beides an – je nachdem, was mein Coachee braucht.

Die Denkstruktur Ihres Gegenübers gibt also den Motivationsmechanismus vor. Das müssen Sie in der Verhandlung unbedingt beachten! Wollen Sie eine lustgewinnorientierte Mitarbeiterin motivieren, halten Sie ihr den Bonus und das Prestige vor Augen, wenn sie den neuen Auftrag an Land zieht. Handelt es sich jedoch um einen schmerzvermeidenden Mitarbeiter, motivieren Sie ihn besser damit, dass der neue Auftrag wichtig ist, weil ohne ihn Personal eingespart werden muss. Angenommen, Sie haben einen besten Freund, der abnehmen will und schmerzvermeidend ausgerichtet ist. Sie wollen ihn gern ermutigen und bei seinem Vorhaben unterstützen. Zunächst beschreiben Sie ihm die Belohnung, die er erhält, wenn er seinen Ernährungsplan die kommenden zwei Wochen einhält (lustgewinnend, hin zum Ziel). Denn diese Motivation braucht jeder von uns, auch die Schmerzvermeider. Dann erklären Sie ihm allerdings: „Wenn du das jetzt viermal hintereinander schaffst und danach einen Tag nicht, dann musst du vier Schritte zurückgehen." Ihr Freund wird sich beschweren: „Wegen *eines* Fehltritts soll ich wieder ganz von vorn anfangen? Wie unfair!" Doch Sie werden sehen: Vermeidet Ihr Freund Schmerz, wird es ihn viel mehr motivieren, seinen Ernährungsplan einzuhalten, wenn er weiß, dass er dadurch nicht zum Anfang zurückmuss. Ganz nach der Devise: Weg vom Problem *und* hin zum Ziel! Überhaupt empfehle ich Ihnen, stets beide Motivationsstrategien miteinander zu kombinieren. Denn den lustgewinnorientierten Typ stört die Schmerzvermeidungsstrategie nicht, aber dem Schmerzvermeider bringt eine reine Zielorientierung nichts. Wenn Sie also beide Strategien koppeln, können Sie 100 Prozent der Leute erreichen.

Was bedeutet das für eine Vernehmungssituation? Ist Ihr Gegenüber eher schmerzvermeidend gepolt, zählen Sie am besten auf, was alles passieren kann, um dann am Ende die Lösung zu präsentieren: „Ich bin ja da und ich kann Ihnen helfen. Das können wir alles vermeiden." Haben Sie allerdings einen Lustgewinntyp vor sich sitzen, dann erklären Sie ihm oder ihr lieber: „Schauen Sie, diese Vorteile haben Sie davon, wenn Sie mit uns kooperieren." Handelt es sich um eine interne Unternehmensermittlung, weil jemand aus dem Team Firmengelder abgezweigt hat, können Sie die Daumenschrauben bei den potenziellen Zeugen sogar noch etwas mehr anziehen. Schmerzvermeidende Mitarbeiterinnen und Mitarbeiter können Sie zum Beispiel fragen: „Möchten Sie wegen einer Kollegin oder eines Kollegen wirklich Ihren Job verlieren? Haben Sie Lust, alles an Vertrauen zu verlieren, was Sie sich in der Firma in den letzten Jahren aufgebaut haben? Oder möchten Sie im schlimmsten Fall jahrelang als derjenige gelten, der die Tat begangen hat, obwohl Sie eigentlich unschuldig sind? Das alles können Sie vermeiden, wenn Sie jetzt mit uns kooperieren." Eine lustgewinnorientierte Befragungsstrategie wäre hingegen: „Wenn Sie mit uns kooperieren und uns verraten, wer die Gelder unterschlagen hat, halten wir Ihren Namen aus der Sache raus. Wir bieten Ihnen sogar eine Bonuszahlung für Ihre Mithilfe am Fall an." Oder noch besser: „Was können Sie sich vorstellen, von uns zu bekommen, damit wir uns Ihrer Unterstützung gewiss sein können?" Fällt Ihnen etwas auf? Jede erfolgreiche Befragung beziehungsweise Verhandlung hat zur Voraussetzung, dass Sie Ihr Gegenüber kennen und wissen, wie er oder sie konstituiert ist. Das kann ich gar nicht oft genug betonen.

3.5.4 Pattern Interrupt

Nun möchte ich zu einem meiner Lieblingstools in der Fragetechnik kommen, dem sogenannten „Pattern Interrupt" (deutsch: Musterunterbrechung). Das Pattern Interrupt ist eine **plötzliche thematische Veränderung in der Gesprächsführung**, die wie das Milton-Modell der Sprache aus der Neurolinguistischen Programmierung stammt und auf Milton H. Erickson zurückgeht. Wenn Sie sich in einer Pattsituation wiederfinden, können Sie mit dem Pattern Interrupt die Verhandlung unterbrechen, indem Sie eine Frage stellen, die mit dem vorhergehenden Thema überhaupt nichts zu tun hat. Auf diese Weise können Sie die Unterhaltung noch einmal neu aufrollen. Bei einer besonders festgefahrenen Verhandlung ist solch ein Reset manchmal nötig. Auf der anderen Seite führt ein Pattern Interrupt in der ersten Sekunde zu Irritation und damit zu Konfusion. In dem Moment, wo Ihr Gegenüber irritiert ist, begibt er oder sie sich auf die Suche nach einer Antwort. Das ist dann Ihre Chance, mit einer kritischen Frage die Wahrheit herauszubekommen.

Einmal sollte ich den Partner einer Klientin befragen. Zunächst verwickelte ich ihn in lockeren Small Talk und brachte ihn so in einen entspannten Redefluss. Urplötzlich wechselte ich jedoch das Thema und setzte ein Pattern Interrupt ein: „Warum hast du deine Frau mal betrogen?“ Seine Reaktion war sehr eindeutig, denn er wurde rot und geriet ins Stottern. Gesichtsröte ist ein neuronales Zeichen von Scham. Sein Gesicht sprach also in diesem Moment tatsächlich Bände und verriet mir, dass er seine Ehefrau wirklich schon einmal hintergangen hatte. Natürlich ging er danach in die Verteidigung. Allerdings passiert das erst 0,5 Sekunden nach der Irritationsauslösung. Bis zu diesem Zeitpunkt kann der Mensch seine Reaktion nur sehr schlecht bewusst steuern. Er oder sie verrät sich durch seine Reaktionen auf den unterschiedlichen Kommunikationskanälen. Kommt Ihnen das bekannt vor? Ganz genau, sowohl in der Einleitung als auch im ersten Kapitel zu Körpersprache und Mimik haben Sie bereits einiges über dieses Phänomen erfahren.

Man kann mit der Interpretation solch körpersprachlicher Reaktionen mitunter sehr falschliegen. Da wären wir dann wieder beim Othello-Fehler vom Anfang dieses Kapitels. Sie sehen, wie zuvor bereits erwähnt: Das Rizzo-Konzept ist wechselseitig wirksam und die einzelnen Bausteine führen Sie in immer wieder neuen Kombinationen zum Verhandlungserfolg. Übrigens ist es beim Pattern Interrupt wichtig, dass Sie mit Ihrer Frage bereits eine Antwort vorgeben. Sie fragen nicht: „Hast du mich betrogen?“, sondern: „*Warum* hast du mich betrogen?“

In einem Fall von Kindesmissbrauch gelang es mir einmal auf ganz ähnliche Weise, ein Geständnis zu erlangen. Zuerst brachte ich die Beschuldigte in einen entspannten Flow. Danach wechselte ich das Thema und stellte plötzlich die Frage: „Hat Sie irgendwann mal jemand dabei erwischt, wie Sie Ihr Kind verprügelt haben?" Daraufhin rutschte der Person tatsächlich ad hoc ein Nein heraus. Erst nach der Irritationsphase folgte ihr Zusatz: „... weil ich mein Kind noch nie verprügelt habe." Beide wussten wir aber, dass sich ihr sehr schnell ausgesprochenes Nein darauf bezog, dass sie noch nie erwischt worden war. Ganz ehrlich, damals war selbst ich etwas platt, weil ich in einer so frühen Phase der Vernehmung nicht mit einem solchen Treffer gerechnet hatte! Danach war der Rest ziemlich einfach. Ich musste sie nur darauf hinweisen, dass sie es gerade selbst zugegeben hatte. Dann bagatellisierte ich ihre Tat mit den Worten: „Aber wem ist nicht schon mal die Hand ausgerutscht." Dabei nickte ich und schob das große Paket nach: „Sie wissen, dass Sie sich da helfen lassen müssen, damit es nicht wieder passiert, dass Sie Ihr Kind verprügeln?" Danach war die Mutter bereit für das Geständnis.

Wenn es richtig eingesetzt wird, funktioniert das Tool der Musterunterbrechung auch in Bewerbungsgesprächen hervorragend. Oft werde ich von Unternehmen beauftragt, Bewerberinnen und Bewerbern auf den Zahn zu fühlen, um sicherzustellen, dass sie beispielsweise keine Whistleblower, Wirtschaftsspione oder instabilen Persönlichkeiten einstellen. Ein Unternehmen in Österreich, das im Bereich der atomaren Wissenschaft arbeitet, suchte vor einigen Jahren Sicherheitspersonal. Von sechs Bewerberinnen und Bewerbern, die ich interviewte, wurden fünf angeheuert. Bei der sechsten Person riet ich von einer Einstellung ab, denn der Mann wurde sehr ungehalten, als ich ihm nach einem lockeren Gesprächseinstieg plötzlich mitteilte: „Ach ja, und Sie werden ein Jahr lang erst einmal keine Schusswaffe tragen." Alle anderen Bewerberinnen und Bewerber hatten damit kein Problem. Die Wut dieses Mannes zeigte mir jedoch, dass er offensichtlich ein Problem mit seiner Impulskontrolle hatte. Ich denke, wir sind uns einig – solch eine Person sollte lieber nicht mit einer Schusswaffe in einem so sensiblen Unternehmen herumlaufen! Impulskontrollschwierigkeiten kommen tatsächlich häufiger vor. Insbesondere der erfolgsorientierte Menschentyp neigt dazu.

3.5.5 Reframing

Mindestens genauso nützlich wie das Pattern Interrupt ist ein Handwerkszeug, das Ihnen hoffentlich irgendwie bekannt vorkommen wird – das Reframing. Vom Framing haben Sie in Kapitel 2.5.5 bereits gelesen. Reframing basiert auf dem Framing. Kurze Rückblende: Framing bedeutet, dass alles, was wir sagen, in einen Bedeutungsrahmen eingebettet ist, der bei uns Gefühle hervorruft. Jedes Wort löst bei Ihrem Gegenüber etwas aus und je nach Vergangenheit und Erfahrungswert kann das mehr oder weniger intensiv für sie oder ihn sein. Sie sollten daher in Befragungen vermeiden, die Dinge beim Namen zu nennen, so möchte ich es einmal ausdrücken. Wenn jemand einen Mord begangen hat, dann fragen Sie: „Wie kam es zu diesem Vorfall? Was genau ist passiert?“ Wenn jemand Geld gestohlen hat, fragen Sie nicht: „Warum haben Sie das Geld gestohlen?“, sondern fragen Sie: „Warum haben Sie das Geld entwendet?“ Wenn jemand lügt, benennen Sie es nicht als Lügen, sondern erklären Sie: „Ich stelle die Frage jetzt noch einmal und Sie erzählen mir dieses Mal die Wahrheit.“

Reframing: Das ist die Veränderung des bisher im Gespräch verwendeten Frames. Die Kunst besteht darin, **in wenigen Sätzen den Bedeutungsrahmen eines Wortes komplett zu verkehren.** Ein Musterbeispiel für Reframing ist die Bundestagsrede des ehemaligen FDP-Partei- und Fraktionsvorsitzenden Dr. Guido Westerwelle zur Situation in Deutschland vom 8. September 2009. Dazu nutzte Westerwelle die Aussage Dr. Angela Merkels, dass Deutschland 2009 *stärker* sei als 2005 vor ihrem Amtsantritt als Bundeskanzlerin. Er erwiderte in seiner Rede darauf: „Das ist eine interessante Sichtweise. Sie sind *stärker* verschuldet als 2005. *So stark wie nie zuvor.* Sie haben die Steuern *so stark* erhöht *wie nie zuvor.* Und wir sind in der Gesundheitspolitik in der Planwirtschaft – *so stark wie noch nie zuvor.* Sie haben mit dieser Regierung Deutschland *nicht gestärkt.* Es waren vier *verlorene Jahre.* Sie haben unser Land *geschwächt.* Sie haben es *nicht in Ihrer eigenen Richtung vorangebracht.*" Das ist Reframing-Königsklasse! Dr. Westerwelle hat im wahrsten Sinne des Wortes ein starkes Wort genommen und es in wenigen Sätzen in das komplette Gegenteil verkehrt.

Wenn Sie das in Verhandlungen beherrschen, zählen auch Sie zur Königsklasse. Das heißt, wenn jemand von seiner Überzeugung spricht, nehmen Sie das wichtige Wort aus dem Satz heraus, reframen Sie dieses Wort und schon haben Sie einen komplett anderen Kontext und damit eine komplett andere Verhandlungsgrundlage geschaffen. Die Person auf der anderen Seite setzt das Reframing meist schachmatt. An diesem Tag wird Frau Dr. Merkel das Wort „stark" nicht mehr verwendet haben. Warum? Weil es eine andere Bedeutung erhalten hatte und mit dieser Bedeutung konnte sie nicht weiter argumentieren. Sie musste auf einen anderen Sprachgebrauch zurückgreifen. Reframing ist es übrigens auch, wenn Ihre Mitarbeiterin verunsichert ist, weil sie für ihre Arbeit so lange braucht, und Sie sie ermutigen, dass niemand sonst in der Firma so genau und fehlerfrei arbeitet wie sie. Damit machen Sie aus ihrer Schwäche eine Stärke (also genau das Gegenteil dessen, was Dr. Westerwelle gemacht hat). Das Sprichwort „Scherben bringen Glück" ist ebenfalls ein Reframing. Aus einem Unglück schafft man dadurch etwas Positives. Ein sehr schöner Glaubenssatz!

3.5.6 Kognitive Überfrachtung

Auch mit dem Fragetechniktrick der kognitiven Überfrachtung überzeugen Sie relativ schnell Menschen – allerdings nur, wenn Sie diesen

Trick, ähnlich wie das Pattern Interrupt, in der richtigen Situation korrekt anwenden. Andernfalls kann das Ganze nach hinten losgehen. Ihr Gegenüber wird sich dann eher verschließen und die Verhandlung ist gelaufen. Seien Sie also vorsichtig mit diesem Tool! Kognitive Überfrachtung bedeutet, Ihre Gesprächspartnerinnen und Gesprächspartner **durch zu viele Fakten, Worte, Sätze sowie durch ständiges Korrigieren und Wiederholen zu verwirren** und aus dem Konzept zu bringen. Sie sehen, das ist nicht in jeder Verhandlungssituation angebracht oder wünschenswert. Erinnern Sie sich bitte an meine Dos und Don'ts aus Kapitel 3.2.

Respektvolle Verhandlungen auf Augenhöhe sollten immer oberste Priorität haben. Empfehlenswerter sind also meist eindeutige Formulierungen kurzer Fragen oder knapper Anweisungen. Dennoch gibt es Personen, die so manipulativ unterwegs sind, dass es wichtig ist, diesen Trick zu kennen. Nur so können Sie sich davor schützen, wenn ihn jemand bei Ihnen anwenden will. Lassen Sie sich nicht von der lauten Hintergrundmusik irritieren, die Ihr Sohn vor der anstehenden Diskussion über seine Schulnoten aufgedreht hat. Drehen Sie sie einfach leiser oder machen die Musik ganz aus. Genauso wenig brauchen Sie sich aus der Ruhe bringen zu lassen, wenn Ihr narzisstischer Chef Fakten aus unterschiedlichen Fachbereichen durcheinanderwirft und Sie mit Fragen verwirrt, die thematisch gar nichts zur Sache tun. Atmen Sie tief durch, behalten Sie einen kühlen Kopf und wenden Sie das Pattern Interrupt an. Danach können Sie das Gespräch noch einmal neu angehen.

Als Ausbildungsleiterin an den mir zugewiesenen Flughäfen, unter anderem in Hamburg, wies ich das Personal stets an, bei der Sicherheitskontrolle keine Fragen zu beantworten. Das Kontrollieren und Abtasten sowie die gezielte Wahrnehmung der Verhaltensweisen von Personen nimmt bereits genug kognitive Kapazitäten in Anspruch. Konzentrieren Sie sich auf die Frage eines möglichen Schmugglers, lassen Sie sich von ihm mentale Ressourcen nehmen. Das kann beispielsweise den Tast-,

Hör- und Sehsinn beeinträchtigen. Dadurch wird es kritisch. Stellt der verdächtige Passagier genau in dem Moment eine Frage, in dem Sie seinen Knöchel abtasten, wo er das Schmuggelgut festgeklebt hat, besteht die Gefahr einer kognitiven Überfrachtung. Lassen Sie sich nicht ablenken und fokussieren Sie sich weiterhin voll und ganz auf Ihre Aufgabe. Nach der Sicherheitskontrolle können Sie dann immer noch Fragen beantworten.

Wenn wir gerade schon dabei sind: Sollten Sie Trainerin oder Trainer für Sicherheitspersonal sein, das Personenkontrollen (kurz: PKs) durchführt, dann können Sie das Training ansetzen, das ich Ihnen jetzt mitgebe. Ich garantiere Ihnen, keine oder keiner Ihrer Schützlinge wird mehr durch eine behördliche Prüfung in der PK fallen. Verbinden Sie in der Übung die Augen der Auszubildenden. Sie sollen sich nur auf ihren Tastsinn konzentrieren, während sie die PK durchführen. Danach lassen Sie die Azubis ihre Zielpersonen mit offenen Augen kontrollieren und stellen ihnen währenddessen noch Prüfungsfragen. Sowohl die Augenbinde als auch die parallel gestellten Prüfungsfragen dienen dazu, die Azubis unter Stress zu setzen. Die Vorgabe lautet, dass die Azubis ihre Kontrollen während Ihrer Befragung nicht unterbrechen dürfen. Sie werden sehen, Ihre Lehrlinge werden das nicht durchhalten können, denn sie werden durch diese Situation völlig überfrachtet. Wenn es dann später an die Kontrollstrecken geht, werden sie sehr belastbar sein, denn nun wissen sie, worauf sie sich fokussieren und was sie ausblenden müssen. Hektik, Lärm, Trubel, Fragen und Kontrollen summieren sich zu zahlreichen Eindrücken, die die Aufnahmefähigkeit von Sicherheitspersonal an ihre Grenzen bringen kann. Deshalb sollten Sie das zukünftige Personal frühzeitig darauf vorbereiten und mit den entsprechenden Antennen ausstatten. Auch der eine oder andere Täter oder die eine oder andere Täterin, ganz besonders die Hochintelligenten unter ihnen, versuchen in der Vernehmung, die Ermittlerinnen und Ermittler durch kognitive Überfrachtung in die Irre zu führen. Lassen Sie sich nicht die Butter vom Brot nehmen! Hier gilt es ebenfalls, cool zu bleiben.

Kommen wir zu jenen Fällen, wo es angemessen ist, dass Sie selbst kognitive Überfrachtung einsetzen – zum Beispiel, wenn Sie Ihren Geschäftspartner verdächtigen, Frauen in Ihrem Unternehmen sexuell nachzustellen. Stellen Sie sich vor, Sie haben eine anonyme E-Mail von mehreren Mitarbeiterinnen erhalten, die Ihren Geschäftspartner beschuldigen, aber keine konkreten Beweise liefern. Sie nehmen die E-Mail ernst und wollen die Mitarbeiterinnen schützen. Aber Sie wissen auch, dass die E-Mail als rechtliche Grundlage zu dünn ist, um Ihren Geschäftspartner in die Schranken zu weisen beziehungsweise ihn gegebenenfalls sogar aus dem Unternehmen zu werfen. Einen möglichen Me-too-Skandal wollen Sie unbedingt vermeiden. Und natürlich müssen Sie auch schauen, ob an der Sache überhaupt etwas dran ist. Daher suchen Sie nun das Gespräch mit Ihrem Geschäftspartner. Sie müssen jetzt übrigens ein Mann sein. Wenn nicht, dann suchen Sie sich einen, der mit dem beschuldigten Kollegen gut kann und an Ihrer Stelle mit ihm spricht. Bitten Sie besagten Geschäftspartner gleich zu Beginn um einen Kaffee aus der Siebträgermaschine oder geben Sie ihm eine andere Aufgabe, die er mit seinen Händen lösen muss. Auf diese Weise ist bereits ein Teil seiner kognitiven Ressourcen in Beschlag genommen. Starten Sie im lockeren Plauderton und leiten Sie dann mit einem Pattern Interrupt eine kognitive Überfrachtung ein: „Warum hast du mir nichts davon erzählt, dass einige unserer Mitarbeiterinnen sich sexuell von dir belästigt fühlen? Wie konntest du es nur so weit kommen lassen? Nun gibt es sogar eine E-Mail. Ich sehe unsere Firma schon mit einem Me-too-Skandal in der Presse. Man, man, man, was für Abfindungszahlungen da auf uns zukommen! Und überhaupt, was sagt eigentlich deine Frau dazu?" Dabei flüstern Sie und schauen sich um, so als wollten Sie dem Kollegen nonverbal deutlich machen, dass von Ihnen keiner etwas erfährt. Zeigen Sie sich als Verbündeter, der den Schlamassel schnellstens mit ihm lösen will. Sie können ihn jetzt auch direkt um Hilfe bitten, indem Sie sagen: „Also, was schlägst du vor?" Bereits seine erste körperliche Reaktion und seine Mimik werden

Bände sprechen und Ihnen den Weg in Richtung Wahrheit weisen. Wenn Ihr Geschäftspartner dann noch anfängt, sich unbeholfen zu verteidigen, wissen Sie, woran Sie bei ihm sind. Unterbrechen Sie ihn, wenn er versucht zu leugnen, und zeigen Sie Verständnis, indem Sie deutlich machen, dass Sie auch nur ein Mann sind. Denken Sie daran, dass man manchmal etwas aussprechen muss, das einem so gar nicht schmeckt. Doch Sie haben ein Ziel und das heißt Prävention!

3.6 Forensische Linguistik

Kommen wir nun zum dritten wichtigen Bereich innerhalb der Fragetechnik, der forensischen Linguistik. Forensische Linguistinnen und Linguisten **analysieren mündliche und schriftliche Sprache im Kontext von Gesetz und Verbrechen.** Dazu gehört es, die Autorenschaft von Texten zu ermitteln, um Kriminalfälle aufzuklären. Das klassische Erpresserschreiben mit den ausgeschnittenen Zeitungsbuchstaben, das wir alle aus dem Kino oder dem Fernsehen kennen, gibt es zwar, allerdings ist es eine Seltenheit. Heutzutage erreichen die Empfängerinnen und Empfänger eine Flut von E-Mails, Chats, Posts, SMS, Tweets und diversen anderen Textnachrichten. In Messenger-Diensten sucht die Polizei genauso nach linguistischen Mustern wie im Darknet. Sprache kann dabei absolut verräterisch sein. Merkmale wie Fehler im Text oder Vokabeln aus einer anderen Sprache beziehungsweise einem Dialekt tragen zur Autorenerkennung bei. Die Wortwahl kann sogar Rückschlüsse auf Geschlecht, Beruf, Alter oder Glaubenseinstellung zulassen.[50]

Genau das war der Fall bei meinem am Buchanfang erwähnten Auftrag, wo ich den Drohbriefschreiber in der Firma meines Klienten ermitteln sollte. Die forensische Linguistin, die ich beauftragt hatte, gab mir mit ihrer Analyse nicht nur das Feedback, dass der Verfasser männlich, circa 20 bis 30 Jahre alt und durchschnittlich gebildet war.

Zudem verriet sie mir, dass sowohl in den Drohbriefen als auch in den Textproben der von mir verdächtigten Person (eine informelle E-Mail mit Verabredung zum Mittagessen und das Protokoll einer Teamsitzung) die gleichen Rechtschreibfehler auftauchten. Statt „gerade" schrieb er „grade" und statt „daran" hieß es „dran". Außerdem setzte er Kommas immer an der gleichen falschen Stelle. Damit hatte sich mein anfänglicher Verdacht zweifelsfrei bestätigt: Der Drohbriefschreiber und das angebliche Mobbing-Opfer waren ein und dieselbe Person! Der paranoide Blick und die passiv-aggressiven Gesichtszüge, die ich bei meiner Täteranalyse korrekt erkannt hatte, deckten sich mit den Erkenntnissen aus der forensischen Sprachanalyse. Jemand, der sich stets von anderen verfolgt und angegriffen fühlt (= Merkmale einer paranoiden Persönlichkeitsstörung) und der sich mit seiner Einstellung nicht akzeptiert fühlt und diese daher nicht offen äußert (= Merkmale einer passiv-aggressiven Persönlichkeitsstörung), agiert eher im Verborgenen. Ganz so wie ein Drohbriefverfasser.

Damit war mein Job allerdings noch nicht erledigt. Nun galt es, diesen Mitarbeiter zu überführen – mit der richtigen Fragetechnik. Mein Klient wollte ihn dafür zu sich ins Büro rufen. Sein Ziel war es, ein Geständnis zu bekommen und den Mitarbeiter, der so viel Unruhe und Schaden in seinem Unternehmen angerichtet hatte, zu entlassen. Kein leichtes Unterfangen, denn diese Person hatte aufgrund besonderer Umstände einen vertraglichen Kündigungsschutz. Deshalb wollte mein Klient seine Kollegin, die er gleich zu Anfang mit ins Vertrauen gezogen hatte, als Zeugin dabeihaben. „Bloß nicht!", riet ich ihm von seinem Plan ab. „Dieser Mann ist paranoid und unterschwellig aggressiv. Er denkt ohnehin schon, jeder will ihm etwas Böses. Wenn Sie zu dem Gespräch noch eine Kollegin einladen, wird er das Gefühl haben, dass Sie sich mit ihr gegen ihn verschwören. Und treffen Sie sich auf keinen Fall in Ihren Büroräumlichkeiten. Er wird sofort Verdacht schöpfen. Laden Sie ihn stattdessen in ein Café ein." „Warum ein Café? Ist das nicht zu inoffiziell?", hakte er ein. „Genau deshalb! In der lockeren Atmosphäre eines Cafés oder Lokals kann er sich entspannen. Vielleicht denkt er sogar, Ihre Einladung sei ein Zeichen für das gute Verhältnis, das Sie beide miteinander pflegen. So fühlt er sich von Ihnen in seinen Bedürfnissen wahrgenommen. Sie wollen schließlich, dass er sich sicher fühlt und nicht länger auf der Hut ist. Nur so können Sie ein Überraschungsmoment schaffen, in dem Sie ihn mit seiner Tat konfrontieren", erklärte ich ihm. An diesem Beispiel können Sie sehr schön sehen, wie wichtig es ist, den Raum der Verhandlung oder Befragung mit Bedacht zu wählen. Auch das gehört zu einer guten Fragetechnik dazu.

Weiterhin riet ich meinem Klienten: „Nehmen Sie eine Mappe mit, die Sie aber erst herausholen, nachdem Sie Ihren Mitarbeiter zur Rede gestellt haben. Füllen Sie die Mappe gern mit etwas Druckerpapier auf, sodass sie dicker wirkt. Ganz nach oben legen Sie das Beweismaterial unserer forensischen Linguistin und den Aufhebungsvertrag zur Beendigung des Arbeitsverhältnisses." Dann gab ich meinem Klienten die Sprachstruktur an die Hand, die ich extra für diese bevorstehende Verhandlung erstellt hatte. Der erste Teil der Sprachstruktur sollte seinen Mitarbeiter in eine entspannte Stimmung und einen lockeren Redefluss bringen. Der zweite Teil zielte mit einem Pattern Interrupt darauf ab, ihn zu einem Geständnis zu bewegen und den Aufhebungsvertrag unterzeichnen zu lassen.

Vier Tage später fand das Treffen statt. Trotz ein wenig Aufregung war mein Klient sich seiner Sache sicher und davon überzeugt, das Geständnis und die nötige Unterschrift zu erhalten. Sein Mindset stimmte, schließlich war er gut vorbereitet! Zunächst bestellten die beiden ihr Essen und freundlicher Small Talk führte zum ersten Etappenziel: Der Mitarbeiter entspannte sich sichtlich, seine Atmung wurde ruhiger, seine Körperhaltung locker und seine Stimme klang gelassen – lauter Anzeichen, auf die ich meinen Klienten zuvor gebeten hatte zu achten. Dann aus scheinbar heiterem Himmel unterbrach er den Flow und fragte seinen Mitarbeiter: „Warum haben Sie sich selbst diese Drohbriefe geschrieben? Und bevor Sie versuchen, alles abzustreiten. Ich habe die Drohbriefe sowie andere Textproben von Ihnen von einer forensischen Linguistin analysieren lassen. Die Beweise sind eindeutig. Wir können jetzt Folgendes tun: Entweder Sie unterzeichnen diese Kündigung, ich lasse die Drohbriefe im Schredder verschwinden und niemand sonst erfährt von Ihrer Tat. Oder wir gehen jetzt sofort mit diesen Briefen zur Polizei. Aber ich sage Ihnen eines – Sie sind bereits durch die forensische Analyse überführt." Schachmatt! Den Rest können Sie sich sicherlich denken: Der Drohbriefverfasser unterzeichnete den Aufhebungsvertrag und mein Klient konnte sich endlich wieder aufs Tagesgeschäft konzentrieren.

4

BAUSTEIN 4/4:

LÜGENERKENNUNG UND WAHRHEITSFINDUNG

Im Fall des Drohbriefschreibers kam das Geständnis prompt und ohne Umschweife. Doch was tun, wenn Ihr Gegenüber gar nicht daran denkt zu gestehen und Ihnen stattdessen raffinierte Lügen und Halbwahrheiten auftischt? Eindeutige Sachbeweise wie etwa DNA-Spuren gibt es nur in zehn Prozent aller Kriminalfälle. 40 bis 60 Prozent der Beschuldigten legen ein Geständnis ab. Dabei gestehen Frauen häufiger, nämlich in 72 Prozent der Fälle, im Gegensatz zu 52 Prozent bei den Männern.[51] Wenn die Beweislage nicht ausreicht, bleibt nichts anderes übrig, als auf den Menschen hinter der Tat oder dem Betrug zu schauen. Wie bekomme ich sie oder ihn dazu, ehrlich zu erzählen, was passiert ist? Bevor wir der Wahrheit auf den Grund kommen können, ist es erst einmal vonnöten, zu erkennen, ob jemand lügt: Flunkert Lotti, wenn sie sagt, sie hätte ihre Hausaufgaben schon erledigt? Lügt meine Partnerin über ihr letztes Partywochenende mit ihrem angeblich besten Freund? Macht mein Zeuge gerade eine Falschaussage, um sich zu schützen?

4.1 Lügen erkennen

Die Brockhaus-Enzyklopädie definiert eine Lüge als eine **„bewusst falsche, auf Täuschung angelegte Aussage“**, die auch dann vorliegt, **„wenn Tatsachen mit Absicht verschwiegen oder entstellt wiedergegeben werden“**.[52] Genau diese drei Ebenen des Lügens stecken hinter dem bekannten Satz „Die Wahrheit, die reine Wahrheit und nichts als die Wahrheit“, den US-Amerikanerinnen und -Amerikaner vor Gericht aufsagen müssen, wenn sie in den Zeugenstand treten. Denn zum Lügen zählen eben auch das Weglassen von Informationen und das Vermischen von wahren und unwahren Tatsachen. Besonders ausgefuchste Lügnerinnen und Lügner zeichnen sich dadurch aus, dass sie ihr Gegenüber in die Irre führen, indem sie die Wahrheit sagen und dabei dennoch täuschen. Laut Jack Nasher unterscheidet man auch hier zwischen drei Varianten: „Man kann etwas Wichtiges weglassen (‚Ich habe nie wieder mit ihr telefoniert‘ – *aber gemailt*), etwas Irreführendes erzählen (‚Ja, sie hat mich zu Hause angerufen, aber aus Versehen‘ – *sie wollte eigentlich auf dem Handy anrufen*) oder einfach etwas Falsches nicht korrigieren (‚Du warst ja gestern müde und bist deshalb früh ins Bett‘ – *aber um 23 Uhr doch noch mal raus zum Speeddating*).“[53]

Sie sehen, Lügen können vielschichtig und sehr raffiniert sein. Daher ist es gar nicht so einfach, sie zu erkennen! Selbst in langjährigen Partnerschaften lässt sich der Mensch oft täuschen. Wie soll das dann nur mit unseren Verhandlungspartnerinnen und -partnern funktionieren, die wir gegebenenfalls lediglich zwei-, dreimal sehen, ehe der Deal abgeschlossen sein soll? An dieser Stelle möchte ich Sie damit ermutigen, dass es auch Lügnerinnen und Lügner nicht leicht haben. Die meisten Menschen lügen äußerst ungern (es sei denn, es handelt sich um notorische Lügnerinnen und Lügner). Glaubwürdige Lügen zu fabrizieren erfordert eine enorme kognitive Kapazität und kostet diese Personen viel Energie. Sie müssen sich nicht nur eine plausible

Geschichte ausdenken, sondern gleichzeitig auch noch ihre Körpersprache und Mimik kontrollieren. Kein Mensch ist in der Lage, den Output all seiner Kommunikationskanäle kongruent zu halten, wenn er lügt. Dazu passt ein, wie ich finde, wunderbares Zitat des Neurophysiologen und Tiefenpsychologen Sigmund Freud: „Wer Augen zum Sehen und Ohren zum Hören hat, möge sich davon überzeugen, dass kein Sterblicher ein Geheimnis bewahren kann. Wenn seine Lippen schweigen, schwatzt er mit den Fingerspitzen: Verrat sickert durch jede seiner Poren."

Und da wären wir wieder beim ersten Baustein des Rizzo-Konzepts: Emotionen erkennen. Bewusste Lügnerinnen und Lügner verraten sich fast immer durch nonverbale Zeichen. Unter sogenannten **Points of Interest** (deutsch: Orte von Interesse) versteht man physische Bewegungen, die auf eine Disharmonie hinweisen. Solche Disharmonien sind immer ein Indiz für eine Lüge. Viele solcher Bewegungen wie Ankerpunktbewegungen, somatische Marker und Asymmetrien haben Sie bereits am Anfang des Buches kennengelernt. Hinzu kommen regulatorische Bewegungen, die, wie der Name schon sagt, dazu dienen, das Gespräch zu regulieren. Ein zustimmendes Kopfnicken oder ablehnendes Kopfschütteln fallen ebenso darunter wie eine Handbewegung, die deutlich macht, dass jemand mit dem Reden fortfahren darf. Weitere Points of Interest können Beruhigungsgesten sein. Sie werden auch als Adaptoren bezeichnet. Umso höher der Stress respektive der Cortisolspiegel einer Person, desto höher ist ihr Bedarf an Selbstberuhigung und -berührung. Das Reiben der Oberschenkel, eine erhöhte Blinzelrate, sich an einen Gegenstand klammern – all das sind Adaptoren. Auch sogenannte Grooming-Gesten zählen dazu. Das sind Gesten, bei denen sich jemand pflegt, indem er oder sie zum Beispiel Fusseln vom Jackett streicht.

Diese nonverbalen Ausdrucksformen an sich sind allerdings noch keine Lügenindizien. Sie werden erst dann zu Points of Interest, wenn sie zu anderen Kommunikationskanälen im Widerspruch stehen, also beispielsweise, wenn jemand eine Frage verbal verneint, aber dabei zustimmend nickt oder andersherum.

Im Kontext der Lügenerkennung möchte ich noch auf die oft umstrittenen **Augenzugangshinweise** eingehen. Personen, die die Unwahrheit sprechen, gehen häufig, unwillkürlich und ohne es selbst zu merken, dazu über, mit den Augen in eine bestimmte Richtung zu blicken. Es ist ein untrügliches Indiz dafür, dass jemand etwas konstruiert oder sich erinnert. Denn das Gehirn ist dann permanent damit beschäftigt, sich eine Geschichte auszudenken oder Erinnerungen abzurufen. Wenn Sie den Begriff Augenzugangshinweise googeln, werden Sie lesen, dass der Blick einer Person nach rechts oben mit einer Lüge assoziiert wird, der Blick nach links oben hingegen mit einer Erinnerung. Erfahrene Profiler wissen allerdings, dass die Richtung, in die sich die Augen bewegen, bei jedem Menschen eine andere sein kann. Welches Areal im Gehirn beim Lügen stimuliert wird, ist oft davon abhängig, ob jemand Links- oder Rechtshänder ist. So schaut ein Linkshänder beim Fabrizieren einer Lüge eher nach links als nach rechts. Mein Geheimtipp für Sie: Lassen Sie gleich zu Anfang Ihrer Verhandlung „versehentlich" einen Gegenstand – wie zum Beispiel einen Kugelschreiber – fallen. Achten Sie nun darauf, mit welcher Hand Ihr Gegenüber diesen Gegenstand reflexartig fangen will. So können Sie selbst jene Personen im weiteren Gesprächsverlauf korrekt einschätzen, die in ihrer Kindheit zu Rechtshändern umgeschult wurden, denn diese Menschen werden den Kugelschreiber mit der linken Hand auffangen. Wenn die Verhandlung dann in die heiße Phase eintritt, Sie an unerwarteter Stelle eine kritische Frage stellen und daraufhin Ihr Gegenüber (Linkshänder) mit dem Blick kurz nach links schweift, ist das ein erstes Indiz für eine Lüge. Achten Sie jedoch darauf, dass Sie sich in Ihrer Einschätzung niemals einzig und allein auf einen Augenzugangshinweis stützen. Er ist kein Beweis, sondern wie bereits gesagt erst einmal nur ein Indiz.

4.2 Wahrheit erkennen

All diese Punkte gilt es zu beachten, wenn Sie die Wahrheit herausbekommen möchten. Achten Sie insbesondere dann auf sie, wenn Sie die im vorherigen Kapitel erläuterte Fragetechnik des Pattern Interrupt einsetzen. Eine Frage oder Aussage, die darauf abzielt, eine Reaktion von Ihrem Gegenüber (zum Beispiel einen Orientierungsreflex) zu erlangen, so wie beim Pattern Interrupt, nennt sich **Stimulus**. Der Moment der Fragestellung beziehungsweise Aussage ist die Stimulusphase. Reagiert eine Person schon während dieser Stimulusphase, dann liegt das Frageerkennungsphänomen vor. Eine Reaktion zu einem so frühen Zeitpunkt lässt Rückschlüsse darauf zu, dass jemand die Frage nicht zum ersten Mal hört. Meistens erfolgt eine Reaktion aber erst in der Reaktionsphase, also wenn die Frage gestellt ist. Jetzt sind die ersten 0,5 Sekunden entscheidend. „Warum ausgerechnet 0,5 Sekunden?", fragen Sie sich vielleicht an dieser Stelle. Hierzu geben ehemalige CIA-Agenten und -Agentinnen in ihrem Buch „Erkenne den Lügner" Auskunft: „Stenografen zeigen, dass wir in einem durchschnittlichen Tempo von 125 bis 150 Wörtern pro Minute sprechen. Und neue Erkenntnisse der Kognitionsforschung deuten darauf hin, dass wir mindestens zehnmal schneller denken als sprechen." Das wiederum bedeutet: „Je weiter der Stimulus zurückliegt, umso größer ist die Wahrscheinlichkeit, dass unser Gehirn sich inzwischen schon wieder mit etwas anderem beschäftigt."[54]

Falls Sie dieses Buch kennen und sich nun wundern, weil dort von fünf Sekunden anstatt von 0,5 Sekunden die Rede ist, dann liegt das daran, dass meine Erfahrung mich gelehrt hat, dass schon diese ersten 0,5 Sekunden die allerwichtigsten sind. Denn in dieser Zeitspanne zeigt sich die Mikromimik eines Menschen, wie Sie sich vielleicht noch aus dem Kapitel zur Emotionserkennung erinnern können. Natürlich können sich Reaktionen auch schon einmal innerhalb der ersten fünf Sekunden abspielen und grundsätzlich sollte man beachten, mit wem man redet. Ein Kind ist gedanklich zum Beispiel viel schneller wieder in anderen Themen drin als ein 84-jähriger Mann. Bei allen gilt aber, dass Sie sich in den ersten fünf Sekunden sowohl auf die visuellen als auch auf die auditiven Eindrücke konzentrieren müssen. Das ist nicht leicht, denn das sind wir nicht gewohnt. Dazu gehört einfach Training. Zudem müssen *mindestens zwei* solcher nonverbalen oder verbalen Hinweise in der Reaktionsphase auftreten, damit wir von einem Indiz auf Unaufrichtigkeit sprechen können. Ein Indiz allein reicht nicht aus. Dann ist es allerdings völlig egal, ob es sich um zwei verbale, zwei nonverbale oder einen verbalen und einen nonverbalen Ausdruck handelt. Ab zwei Hinweisen erkennt man eine hohe emotionale Verbindung zur Stimulus-Frage. Das Ganze nennt man Cluster-System, weil Cluster[55] aus mindestens zwei verschiedenen Lügenindizien vorliegen müssen.

Zugegeben, das war jetzt sehr viel Theorie. Machen wir es an einem Beispiel deutlich: Sie befinden sich im Gespräch mit einer Investmentbankerin, die Ihnen ein neues Finanzprodukt verkaufen will. Ihnen steht eine höhere Summe zur Verfügung und selbstverständlich wollen Sie diese clever anlegen, um damit Gewinn zu machen. Die Investmentbankerin wurde Ihnen von einem Bekannten empfohlen. Dennoch sind Sie sich unsicher, ob sie vertrauenswürdig ist. Während des Beratungsgesprächs stellen Sie an geeigneter Stelle, also wenn Ihre Gesprächspartnerin gerade entspannt ist, Ihre Stimulus-Frage (= Pattern Interrupt): „Mir ist zu Ohren gekommen, Sie waren schon einmal an fragwürdigen Spekulationsgeschäften beteiligt. Lieben Sie das Risiko *oder* war das eine einmalige Sache?“ (= Verwendung des Double-Bind-Sprachmusters). Jetzt schärfen Sie Ihre Sinne und achten auf alle verbalen und nonverbalen Reaktionen der Investmentbankerin. Sie räuspert sich (Lügenindiz Nummer 1) und antwortet: „Leider hält sich das Märchen vom riskanten Investmentbanking immer noch.“ Dabei zupft sie an ihrem Haar (Lügenindiz Nummer 2). Sie fährt fort: „Ja, vor ein paar Jahren gab es mal unlautere Hedgefonds-Manager in den USA, die die ganze Branche in

Verruf gebracht haben. Aber das ist die Ausnahme. Ich arbeite ausschließlich mit seriösen Geschäftspartnerinnen und Geschäftspartnern." An dieser Stelle streicht sie kurz über das Revers ihres Blazers (Lügenindiz Nummer 3). Sie haben nun drei Hinweise darauf, dass diese Frau intensive Emotionen mit Ihrer kritischen Frage verknüpft. Das ist eine Spur, die es im restlichen Gespräch unbedingt weiterzuverfolgen gilt!

Nehmen wir noch ein zweites Beispiel hinzu. Ihr Ehemann ist oft eifersüchtig, obwohl es gar keinen Grund dafür gibt. Sie sitzen beim gemeinsamen Abendessen (das bedeutet, er verwendet gerade einen Teil seiner kognitiven Kapazitäten auf das Essen) und es herrscht eine lockere Atmosphäre. Sie nutzen die Gelegenheit, um seine Eifersucht anzusprechen: „Hast du schon mal in meinem Handy spioniert?" (= Stimulus-Frage). Er blickt für Millisekunden nach unten rechts und antwortet mit etwas Zeitverzögerung (Lügenindiz Nummer 1: ein Augenzugangshinweis) in ganz leicht veränderter Tonlage, die nicht seiner Baseline entspricht: „Eigentlich nein" (Lügenindiz Nummer 2). Den ersten Hinweis bezeichnet man auch als retardierenden Moment. Ich hatte ihn im Kontext der Überzeugungshebel schon einmal kurz erwähnt. Der Begriff kommt von dem französischen Wort *retarder*, was verzögern bedeutet. Diesen alles entscheidenden Augenblick können Sie an den Augen eines Menschen erkennen, denn die Zeitverzögerung tritt immer in Kombination mit einem Augenzugangshinweis auf. Bei einer Unschuldigen oder einem Unschuldigen gibt es den retardierenden Moment nicht. Ich nenne ihn deshalb auch den „goldenen Moment". Es ist ein Indiz, an dem ich erkenne, dass jemand ganz knapp davorsteht, zu reden. Jetzt müssen Sie unbedingt ruhig bleiben und nichts sagen! Denn diese Stille bewegt Lügnerinnen und Lügner oftmals zum Geständnis. Wenn jedoch nach circa drei bis vier Sekunden kein Geständnis kommt, dann ist der Moment vorbei und Sie müssen weiter nachhaken.

Auch **Realkennzeichen** geben Hinweise auf die Glaubhaftigkeit einer Aussage, denn sie zeigen, ob Aussagen auf realen Begebenheiten beruhen. Im Gegensatz zu den Points of Interest und den Augenzugangshinweisen äußern sich Realkennzeichen in der Sprache. Ein Zeuge, der die Wahrheit sagt, berichtet detailreich und sprunghaft. Seine Schilderung enthält ungewöhnliche Details, doch manchmal fehlen ihm auch bestimmte Worte. Das Erlebte wird konsistent und jedes Mal mit anderen Worten wiederholt. Es zeigen sich Erinnerungslücken und -verfälschungen. Manche Dinge fallen dem Zeugen erst später ein. Während der Aussage zeigt er unbewusste Reflexe. Eigene Emotionen, Zweifel und Sicherheit sind Teil der Erzählung. Körperempfindungen werden sehr anschaulich beschrieben und seine Schilderung enthält wörtliche Rede und direkte Zitate. Lügt Ihr Zeuge hingegen, wird er chronologisch und linear erzählen und zudem nicht in der Lage sein, beim Ende anzufangen. Ein Tipp an dieser Stelle: Wenn Sie eine interessante Bewerberin oder einen interessanten Bewerber vor sich sitzen haben, lassen Sie sich den Lebenslauf rückwärts erzählen. Stimmen die Lebensstationen auf dem Dokument, wird die Person keine Probleme haben, ihre Geschichte von hinten aufzurollen. Hat jemand allerdings einen falschen Auslandsaufenthalt mit eingebaut, wird es dieser Person deutlich schwerer fallen.

Doch kommen wir zurück zu Auffälligkeiten, die auf eine Lüge hindeuten: Alles wirkt stringent und es gibt keinerlei Erinnerungslücken in der Aussage des Zeugen. Allerdings kann er sie nicht konsistent wiederholen und das geschilderte Geschehen kann in logischer Hinsicht nicht passiert sein. Zudem benutzt er immer wieder dieselben Begriffe und Redewendungen. Achten Sie also jedes Mal genau auf den Wortlaut![56] Das sind natürlich „Idealbeispiele" für jemanden, der die Wahrheit sagt, und für jemanden, der lügt. Zeugenaussagen enthalten immer nur ein paar dieser Realkennzeichen, in der Regel treffen nicht alle oben genannten Hinweise in ihrer Gesamtheit zu.

Nun sind wir nicht alle Teil einer Berufsgruppe, die sich tagtäglich mit Wahrheitsfindung auseinandersetzt. Es geht also nicht immer um die Glaubhaftigkeitsüberprüfung einer Geschichte. Oft treten unsere

Mitmenschen in allen möglichen Alltagssituationen kompetent und sicher auf. Aber sind sie es auch wirklich oder schauspielern sie gerade nur gut, weil sie eigentlich völlig ahnungslos sind? Weiß die Kollegin tatsächlich so viel über das Thema? Kennt sich der Abgeordnete wirklich so gut mit den Anliegen seiner Wählerschaft aus? Und wie steht es eigentlich um das vermeintliche Fachwissen Ihres Nachbarn? Auch hier finden sich in den Gesprächen oft klare Hinweise darauf, ob Ihr Gegenüber ehrlich ist oder nicht. Halten Sie nach folgenden Taktiken Ausschau:

1. **Abstrahieren:** Ihre Gesprächspartnerin greift einen ihr bekannten Begriff aus Ihrer Frage auf und fährt dann mit allgemeinen Ausführungen fort.
2. **Abdriften** (auch Roter Hering[57] genannt): Die Person sagt: „Viel wichtiger ist es doch …" und macht dann mit einem komplett anderen Thema weiter.
3. **Zurückweisen:** Ihr Verhandlungspartner entgegnet zum Beispiel: „Das ist doch eine völlig falsche Frage."
4. **Zustimmen und Loben:** Ihr Gegenüber trifft kaum eigene Aussagen und bestätigt Sie stattdessen nur.
5. **Aussagen Dritten zuschreiben:** Ihr Date will cleverer wirken und sagt: „Laut *New York Times* …"
6. **Gegen- und Motivfragen:** Ihr Gesprächspartner antwortet mit einer Gegenfrage wie: „Was denken Sie denn über das Thema?" Manch einer spielt auch gern den Philosophen oder die Philosophin. Ja, ganz genau, Sie wissen, wen ich meine – die Person, bei der wir alle innerlich mit den Augen rollen …

Ganz typisch ist ebenfalls, dass Leute, die unehrlich sind, Ihre Frage noch einmal wiederholen („Du willst also wissen, wo ich gestern gegen 18 Uhr war? Das kann ich dir genau sagen …"). Dadurch gewinnen sie Zeit, sich ihre Lüge zu überlegen. Manche täuschen sogar ein Stottern in der Fragewiederholung vor, das eigentlich überhaupt nicht zu ihrem Sprachgebrauch gehört. Genauso hellhörig sollten Sie werden, wenn Ihr Gegenüber auf eine recht einfache Frage (zum Beispiel: „Hast du meine Schokolade gegessen?") mit einem „Ich?" antwortet, schließlich haben Sie diese Person direkt angesprochen und niemand anderes ist im Raum. Gern stellen Lügnerinnen und Lügner auch andere unsinnige Gegenfragen oder antworten „Ich verstehe die Frage nicht" auf Ihre Frage, wo er oder sie um 18 Uhr gewesen sei. Ein Angriff kann ebenfalls ein Lügenindiz sein, insbesondere in Vernehmungen. Eine Person hat keinen Grund, in den Angriff überzugehen, wenn sie unschuldig ist. Ganz im Gegenteil, Menschen, die ihre Unschuld beweisen wollen, haben einen immensen Bedarf zu kooperieren. Sie drücken sich daher entgegenkommend aus – selbst dann, wenn sie unsicher sind oder sich nicht gut erinnern können: „Oh, da müsste ich jetzt genau überlegen ... Aber ich denke, dass ... Aber bitte nageln Sie mich nicht darauf fest." Schuldige Menschen äußern sich ganz anders: „Soweit ich weiß ... Nee, kann ich mich nicht erinnern ... Nicht, dass ich wüsste ..." Je nachdem, wie sie diese Sätze betonen, kann das schon ein Indiz für eine Lüge sein.

Achten Sie außerdem auf Einschränkungen beziehungsweise verschleiernde Einschränkungen wie „eigentlich nicht", „im Prinzip", „größtenteils", „wahrscheinlich", „normalerweise", „vielleicht" oder „meistens". Solche Ausdrücke machen es Lügnerinnen und Lügnern einfacher, denn später können sie darauf zurückverweisen und kontern: „Ich hab doch gesagt, ich weiß es nicht genau!" Nimmt man jemandem diese Einschränkungen, dann weicht er oder sie entweder komplett davon ab oder gibt zu, was wirklich Sache ist. Ein Signal kann es unter Umständen auch sein, wenn Ihr Gegenüber auffällig oft Glaubwürdigkeitsbetonungen vornimmt: „Ehrlich gesagt", „offen gesagt", „um die Wahrheit zu sagen" oder „um ganz ehrlich zu sein" weisen auf eine mögliche Unehrlichkeit hin. Allerdings müssen Sie hier sehr vorsichtig sein! Bei manchen Menschen sind diese Redewendungen ganz einfach

Bestandteil ihres Sprachgebrauchs. Sowieso gilt immer: All die hier genannten Hinweise sind nur Indizien. Erst in der Summe können sie tatsächlich Aufschluss über die Glaubwürdigkeit einer Person geben.

Doch machen wir weiter mit den **verräterischen Zeichen**. Zu Recht Beschuldigte spielen oft ihre Tat oder ähnliche Taten anderer herunter. Sie bagatellisieren und verteidigen das Vergehen. Bei einem Fall suchte ich wieder einmal nach Indizien in TKÜs. Der Beschuldigte telefonierte mit einem Freund, der davon erzählte, dass einer seiner Kumpel eine gemeinsame Freundin sexuell bedrängt hatte. Der Beschuldigte bemerkte: „Ja, na und? Da ist sie doch selbst schuld." Daraufhin erwiderte der andere: „Aber das geht doch nicht. Das kann man nicht machen." Der Beschuldigte wiederholte dann seine Ansicht, sodass sein Freund fragte: „Warum ist sie denn selbst schuld? Sie hat doch nichts gemacht." Er antwortete: „Ja, aber sie nimmt doch auch Drogen oder etwa nicht? Dann darf sie halt keine Drogen nehmen." Ein Unschuldiger würde so eine Tat eher verurteilen. Dieser Rechtfertigungsversuch zeigte mir, dass die Person versuchte, ihr Wertesystem wieder in Einklang zu bringen. Daher war das Telefongespräch damals für mich ein Hinweis darauf, dass es sich bei dem Beschuldigten tatsächlich um eine Person handelte, die sexuelle Übergriffe guthieß.

Verdächtigen Sie die Ehepartnerin Ihres besten Freundes des Betrugs? Dann fragen Sie sie einmal, wie sie zum Thema Seitensprung steht und ob sie das für sich in Betracht ziehen würde. Geht sie betont locker damit um, kann das ein erstes Indiz dafür sein, dass sie Ihren besten Freund tatsächlich hintergeht. Eine beliebte Lügenstrategie ist auch der Verweis auf eine frühere Antwort. Denn die meisten Lügnerinnen und Lügner wollen sich selbst nicht widersprechen (Sie erinnern sich, eine Lüge zu kreieren ist kognitiv anspruchsvoll!) und beziehen sich daher im Zweifel lieber auf eine Aussage, die sie bereits getätigt haben. Schon oft habe ich in Vernehmungen Sätze gehört wie „Dazu sage ich jetzt nichts mehr. Das haben wir schon mal durch" oder „Das habe ich mit Ihrem Kollegen schon besprochen". Diese Aussagen stehen deutlich außerhalb der Kooperation. Als Vernehmerin oder Vernehmer ist es nun Ihre Aufgabe, die Person zu überzeugen, die Frage trotzdem ein weiteres Mal zu beantworten. Widerspricht sie sich, ist das ein Indiz, mit dem sie unbedingt weiterarbeiten sollten.

In der freien Wirtschaft gehe ich hingegen noch einmal anders mit den Befragten vor. Dort nutze ich die **Unterstellungstaktik**: Äußert sich Ihr Gegenüber zum zweiten Mal zur gleichen Frage, dann unterstellen Sie, er oder sie hätte zuvor etwas anderes gesagt. Jemand, der lügt und sich nicht erinnert, was er gesagt hat, stimmt Ihnen meist zu und versucht dann, den Bogen anders zu spannen. Sind Ihre Verhandlungspartnerinnen oder -partner religiös, können Sie sie unter Umständen auch auf ihre Aussagen schwören lassen. Finden Sie heraus, welche Person ihnen am nächsten steht, und fordern Sie sie beispielsweise heraus: „Schwören Sie auf Ihre kleine Schwester!“ Zugegebenermaßen braucht man dafür viel Feingefühl. Nicht bei jeder Person ist solch eine Vorgehensweise angebracht und schon überhaupt nicht bei der polizeilichen Arbeit.

Erinnern Sie sich an das Kapitel zu den Menschen- und Persönlichkeitstypen? Bei der Wahrheitsfindung kommt es nicht nur auf die Fragen an, die Sie Ihren Verhandlungspartnerinnen und -partnern stellen. Genauso wichtig ist, dass Sie erkennen, wenn Ihr Gegenüber das Gespräch mit ihren oder seinen Fragen lenken will. Denn manch einer lenkt Sie gern in die Irre und weg von der Wahrheit. Hierfür gibt es mehrere Techniken.

1 **Die verdeckte Frage:** Fragt Sie ein Chef „Sind Sie von Ihrem Lebensgefährten hierhergefahren worden?“, ist das eine verdeckte Frage. Es geht ihm nicht darum, wie Sie zum Bewerbungsgespräch gekommen sind, sondern er möchte wissen, ob Sie in einer festen Partnerschaft leben. Das ist eine sehr private Frage, die eigentlich nicht in ein Jobinterview gehört, deshalb stellt er sie nur verdeckt.

2 **Die Alternativfrage** (Double-Bind-Sprachmuster)**:** Die nervige Verkäuferin am Telefon hakt schnell noch einmal bei Ihnen nach, bevor Sie den Hörer auflegen: „Soll ich Sie am Donnerstag oder Freitag noch mal anrufen?" Damit nimmt sie Ihnen die Option, gar nicht mehr angerufen zu werden.

3 **Die Schmeichelfrage:** Ihr Kollege scheint Ihnen ein Kompliment zu machen, indem er sagt: „Wie ist es Ihnen eigentlich so gut gelungen, die überaus knappe Deadline einzuhalten?" Er schmeichelt Ihnen, will aber eigentlich hören, dass Sie sich über die knappen Deadlines der Chefin beschweren.

4 **Die Angriffsfrage:** Stellen Sie sich vor, Sie fragen Ihren Partner, ob er schon die monatlichen Rechnungen Ihres gemeinsamen Haushalts beglichen hat. Er antwortet pampig: „Was soll diese blöde Frage?" Mit dieser Angriffsfrage will er vom Thema ablenken und etwas kaschieren. Vielleicht hat er das dafür nötige Geld in einer Spielhölle verzockt …

5 **Die Gegenfrage:** Diese hatte ich vorhin schon erwähnt. Eine sehr typische Gegenfrage lautet: „Was halten Sie denn von dem Thema?" So versucht Ihr Nachbar beispielsweise zu vertuschen, dass er selbst bei der Eigentümerversammlung nicht aufgepasst hat.

6 **Die Suggestivfrage:** „Liebling, du bist doch sicherlich auch der Ansicht, dass wir Bert und Berta diesen Monat nicht mehr zu uns einladen?" Ihre Partnerin interessiert Ihre ehrliche Meinung nicht. Sie will lediglich eine Bestätigung und gibt Ihnen die Antwort bereits in der Frage vor.

7 **Die Unterstellungsfrage:** Auch von dieser haben Sie vorhin schon gelesen. Der Prokurist eines Unternehmens bemerkt, dass mit den Finanzen der Firma etwas nicht stimmt. Er tappt im Dunkeln, fragt aber den zweiten Geschäftsführer auf gut Glück: „Ist dir schon aufgefallen, dass jemand Geld vom Geschäftskonto abzieht? Ich habe heute Mittag einen Termin

mit einem IT-Security-Anbieter, der eine 99-prozentige Aufklärungsrate hat. Ich bin gespannt, was die kosten. Ab welchem Investitionsvolumen möchtest du noch gefragt werden?“

8 **Die Kettenfrage:** Diese Frageform zielt nicht darauf ab, Antworten zu bekommen, sondern Ihr Gegenüber will Sie damit unter Druck setzen: „Welches Problem wollen Sie damit lösen? Wann wird das geschehen und weshalb haben Sie keine Alternativlösung vorgeschlagen?“ Die Aneinanderkettung vieler unterschiedlicher und kritischer Fragen erzeugt Stress und unter Stress machen wir leichter Fehler.

9 **Die Echofrage:** Ihr Teenager nimmt Ihre Worte und formt sie zu einer Frage um. Aus Ihrem „Schalte den Fernseher aus!“ wird „Ich soll den Fernseher ausschalten?“. Er tut es, um Sie zu provozieren. Doch Vorsicht, es kann auch sein, dass Ihnen jemand eine Echofrage stellt, weil er Sie akustisch nicht richtig verstanden hat.

10 **Die Provokationsfrage:** Diese Frage zielt tatsächlich ausschließlich auf Provokation ab. „Wie lange haben Sie eigentlich für Ihre schlechte Präsentation gebraucht?“ Ihre Kollegin will nicht wirklich wissen, wie lange Sie für die Ausarbeitung gebraucht haben. Sie will Sie verunsichern.

11 **Die Relativismusfrage:** Die Relativismusfrage oder -methode kommt einem Totschlagargument gleich. Fragt Ihr Gegenüber: „Wollen wir uns darauf einigen, dass jede Meinung ihre Berechtigung hat?“, haben Sie darauf keinen Konter mehr, denn natürlich hat jeder das Recht, seine Meinung zu äußern. Die Verhandlung ist damit beendet.

12 **Die infinite Regress-Frage:** Ein infiniter (= unendlicher) Regress beschreibt eine logische Ableitung, deren Begründung immer wieder auf einer weiteren Begründung beruht und daher nicht in Zweifel gezogen werden kann. Ein typi-

sches Beispiel: Ihre Gesprächspartnerin fragt so lange „Warum?", bis keine Antwort mehr möglich ist und Sie keine Begründung mehr für Ihre Einstellung haben. Das heißt nicht, dass Ihr Wertesystem nicht mehr existiert, aber wenn Sie keine Begründung mehr für Ihr Handeln haben, weichen Sie unter Umständen eher von Ihrem Handeln ab. Ganz oft hintereinander „Warum?" zu fragen, wirkt zwar erst einmal kindlich, doch so können Meinungen kurzfristig umgelagert werden. Kurzum: Wenn keine Begründung mehr da ist, hat die andere Person gewonnen.

An der Stelle ist sehr schön erkennbar, wie vielschichtig Unehrlichkeit sein kann. Lügen ist eben nicht gleich lügen. Im Übrigen lügen Frauen und Männer auf grundsätzlich unterschiedliche Art und Weise. Auch ihre Motive sind andere. Frauen wenden oft sogenannte **„White Lies"** oder **„Social Lies"** (deutsch: weiße Lügen oder soziale Lügen) an, die dem sozialen Zusammenhalt dienen. Diese Unwahrheiten haben positive Folgen für andere und fördern das Zusammenleben. Auf die Frage „Wie geht es dir?" antworten sie mit einem schnellen „Gut", auch wenn das gar nicht der Wahrheit entspricht. Oder sie machen einer alten Schulkameradin ein unehrliches Kompliment, weil sie ihnen auch eines gemacht hat. Männer lügen hingegen eher, um ihre Stellung zu verbessern. Sie möchten ihr soziales Umfeld beeindrucken und stellen sich deshalb gern besser da, als es eigentlich der Fall ist. Eigenlob und eine übermäßig gute Beurteilung ihrer eigenen Performance sind daher keine Seltenheit. Gerade in Bewerbungsgesprächen ist das ein Vorteil für Männer, die sich eben oftmals besser verkaufen können. Auch hier sei gesagt, dass es natürlich Männer gibt, die aus sozialen Gründen lügen, sowie Frauen, die lügen, um ihr Ansehen zu verbessern.

Doch egal, ob Frau oder Mann, wir alle lügen – und zwar täglich. Früher hieß es, der Mensch lüge circa 200-mal am Tag. Mittlerweile haben Studien diese exorbitant hohe Zahl widerlegt und man geht von ein bis zwei bewussten Lügen pro Tag aus. Nur wenige Menschen lügen richtig häufig. Dazu zählt unter anderem der ehemalige US-Präsident Donald Trump, der laut *Washington Post* innerhalb von 601 Amtstagen 5.000 „unwahre oder irreführende Aussagen" tätigte. Doch selbst er kam an seinem lügenstärksten Tag „nur" auf 125 Unwahrheiten.[58] Übrigens, auch wenn viele bei Trump die Assoziation eines bockigen kleinen Jungen haben: Kinder könnten nie so lügen wie er. Zwar sagen auch sie die Unwahrheit, doch muss Lügen erst erlernt werden. In der Regel beginnt das im Alter von vier Jahren, wenn Kinder „eine eigene theoretische Vorstellung darüber entwickeln, was in den Köpfen anderer Menschen vor sich geht. Diese Vorstellung ist beim Lügen enorm wichtig, denn zum Lügen benötigt man die Fähigkeit zur Perspektivübernahme."[59] Besonders begabte Lügner können sich folglich sehr gut in ihre Mitmenschen hineinversetzen. Deshalb ist es bei der Verhandlungsführung eben nicht nur wichtig, dass Sie Ihr Gegenüber lesen können, sondern auch, dass Sie selbst Ihr Verhalten so steuern, dass er oder sie Sie möglichst wenig durchschaut.

Kommen wir aber noch einmal auf die Jüngsten in unserer Gesellschaft zurück. Vermuten Sie, dass Ihr Kind lügt, müssen Sie viel vorsichtiger vorgehen als bei Erwachsenen. Angenommen, Sie denken, Ihr Sprössling hat Urgroßmutters gute Vase zerdeppert. Fragen Sie nicht: „*Warum* hast du im Haus Ball gespielt?" Ihr Kind wird dann nur noch eins draufsetzen und direkt in die Verteidigung gehen: „Hättet ihr mir erlaubt auf den Bolzplatz zu gehen, wäre mir hier nicht die Decke auf den Kopf gefallen und die Vase noch heil." Mit einem Warum können Sie generell niemanden davon überzeugen, von einer Lüge Abstand zu nehmen. Denn dieses Wort führt immer zu einer Gegenreaktion, meist der Verteidigung, weil sich die Person dadurch bedrängt fühlt. Zeigen Sie stattdessen lieber Verständnis und finden Sie eine gemeinsame Lösung mit Ihrem Kind, damit so ein Unfall künftig nicht noch einmal vorkommt.

Wie es weiter oben im Kontext der „White Lies" und „Social Lies" schon einmal herausklang, hat das Lügen auch eine starke moralischethische Komponente. Viele Forscher vertreten sogar die Meinung, dass es für den Erhalt unserer Gesellschaft absolut notwendig ist. Denn insbesondere soziale Lügen, auch Notlügen genannt, können unsere Mitmenschen schützen. Nicht immer ist es gut, jemandem die Wahrheit zu sagen, nur weil sie einem bekannt ist. Umso besser Sie in der Lügenerkennung und Wahrheitsfindung werden, desto mehr Verantwortung tragen Sie auch. Ich möchte es an einem persönlichen Beispiel illustrieren: Vor einigen Jahren stand eine Bekannte vor den Trümmern ihrer Ehe. Zudem hatte sie gerade ihren Vater verloren. Genau in jener Zeit erkannte ich, dass ihr Ehepartner sie betrog. Sein Verhalten an einem gemeinsamen Abend wies mehrere Indizien auf. Schnell war mir klar, dass er eine Geliebte haben musste. Seine Untreue war nicht der Grund für das Scheitern der Ehe. Trotzdem tat es mir wahnsinnig leid für meine Bekannte und ich überlegte, wie und wann ich es ihr am besten sagen sollte. Ich entschied mich jedoch zu warten – insbesondere aufgrund der Situation mit ihrem verstorbenen Vater. Als dann einige Zeit später die Scheidung von ihrem Mann anstand – zu dem Zeitpunkt war die schlimmste Trauerphase vorüber und sie hatte den Verlust ihres Vaters verarbeitet –, beschloss ich, meine Erkenntnisse mit ihr zu teilen. Bis heute glaube ich, dass es die richtige Entscheidung war, damit zu warten. Denn die Wahrheit hätte ihr zu einem früheren Zeitpunkt nur geschadet.

Sie sehen, was wir mit der Wahrheit machen, kann durchaus eine komplizierte Frage sein. Doch bevor wir uns diese Frage stellen können, müssen wir, salopp ausgedrückt, natürlich erst einmal wissen, was los ist. Kommen wir daher noch einmal zurück zum Prozess der Wahrheitsfindung. Eine meiner wichtigsten Grundregeln dafür lautet: Wenn wir auf der Suche nach der Wahrheit sind, müssen wir sie tatsächlich ignorieren. Das klingt erst einmal nach einem Paradoxon. Doch tun wir das nicht, stellen wir unseren Wahrnehmungsfilter auf die Wahrheitsfindung und auf Echtheitssignale ein. Damit erkennen wir wahre Sequenzen bei unserem Gegenüber. Wir konzentrieren uns dann auf die halben Wahrheiten und nicht auf die Lügen in Form von Auslassung und Irreführung. Deshalb sage ich immer: Um die Wahrheit zu finden, müssen Sie die Lüge suchen. Schauen Sie, wo sich jemand widerspricht und wo er oder sie sich komisch verhält. Schauen Sie *nicht* darauf, wann er oder sie sich richtig verhält oder plausible Aussagen trifft. Das gilt insbesondere bei der Vernehmung von Beschuldigten sowie von Zeuginnen und Zeugen.

4.3 Cold-Case-Fälle

Bei Cold-Case-Fällen wurden die Beschuldigten unter Umständen schon vernommen. Sie wissen daher bereits, um was es geht, und sind vorbereitet. Sie wissen, wie sie sich zu verhalten haben. Die beschuldigten Personen stehen über Jahre mit dem Wissen über die Tat oder mit der Tat selbst in einem Commitment. Täterinnen und Täter haben sich an die Lüge gewöhnt und sie perfektioniert oder das Geschehene verdrängt, weil sie nicht damit leben können. Oft haben sie dann ihre eigene Version der Ereignisse geschaffen, die sie selbst glauben. Umso länger ein Fall zurückliegt, desto schwieriger wird die Wahrheitsfindung und desto mehr sinkt die Chance auf ein Geständnis. Daher sind Cold Cases in der Königsklasse der Verhandlung anzusiedeln. Manchmal muss man in solchen Fällen über seinen eigenen Schatten springen und beispielsweise gewillt sein, sprachliche Formulierungen anzuwenden, die einem im ersten Moment zuwider erscheinen, weil sie gegen das eigene Wertesystem verstoßen. Auch das gehört zur Kunst der Verhandlung: das Ziel vor Augen haben und weitermachen, auch dann, wenn es richtig hart wird. Für Ermittlerinnen und Ermittler bei den Behörden gilt das sicherlich noch einmal mehr.

Bei einem Cold Case konnten wir den Mörder nach mehr als einem Vierteljahrhundert zu einem Geständnis bewegen. Dahinter steckte eine enorme Team-Anstrengung. An dieser Stelle ist es mir wichtig zu sagen, dass diese grausame Tat ohne das Mitwirken aller nicht hätte aufgeklärt werden können. Ich durfte einen Teil dazu beitragen. Es handelt sich um den Fall der kleinen Stephanie D., die im Sommer 1991 aus einem Park in Weimar entführt wurde. Zwei Tage später fand man die Leiche der damals 10-Jährigen circa 50 Kilometer entfernt an der A4 unter der Teufelstalbrücke. Die Obduktion und weitere Ermittlungen ergaben, dass Stephanie starke Beruhigungsmittel verabreicht worden waren und der Täter sie lebendig von der Brücke gestoßen oder geworfen hatte. Zudem gab es auch Indizien, die auf eine Sexualstraftat hindeuteten. Obwohl die Polizei damals intensive Ermittlungen durchführte, verlief jede Spur im Sand. Doch da Mord nicht verjährt und in der Region noch zwei weitere Kindesmorde unaufgeklärt waren, wurde 2016 die Sonderkommission (Soko) „Altfälle" in Jena gegründet, die die Ermittlungen nach 25 Jahren wieder aufnahm. Die Soko hatte bereits eine unfassbare Leistung an Ermittlungsarbeit erbracht, als ich 2018 zu dem Fall hinzugezogen wurde. In ihrem Fokus stand ein 65-jähriger Mann aus Berlin, der ursprünglich aus Weimar stammte und bereits zu DDR-Zeiten wegen sexuellen Missbrauchs von Kindern vor Gericht gestanden hatte. Die Soko wollte nun nichts mehr dem Zufall überlassen und so bat man mich um meine Unterstützung bei der Täteranalyse.

Es kam also der Tag der Wahrheit. Ich befand mich, wie immer bei Vernehmungen, im Zimmer nebenan auf der anderen Seite des venezianischen Spiegels. Einen venezianischen Spiegel, auch Einwegspiegel genannt, kennen Sie wahrscheinlich aus diversen Fernsehkrimis. Sein Glas ist auf der einen Seite blickdicht, von der anderen Seite kann man aber alles genau beobachten. Zusätzlich standen mir mehrere Kameras zur Verfügung, um alle Kommunikationskanäle des Beschuldigten im Blick haben zu können. Unsere zuvor ausgearbeitete Vernehmungsstrategie funktionierte und ich erkannte, dass der Beschuldigte kurz vor einem Geständnis stand. Daher bat ich den Ermittler, eine besondere

Formulierung anzuwenden. Er sollte folgende Frage stellen: „Was hat das Kind getan, dass Sie sich dazu gezwungen sahen, zu diesem letzten Mittel Mord greifen zu müssen?“ Mit dieser Formulierung zeigten wir dem Beschuldigten auf, dass es das Kind war, das die Schuld an seiner Tat trug, und er quasi gar nicht anders konnte. Bevor der Ermittler diese Frage stellte, hörte ich ihn leise murmeln: „Ich glaube, ich übergebe mich gleich.“ Ich konnte ihn natürlich gut verstehen. Wer will dem Mörder eines kleinen Mädchens schon so „entgegenkommen“? Doch in solchen Momenten muss man, wie gesagt, über seinen eigenen Schatten springen. Denn unser großes Ziel war es, den Mann hinter Gitter zu bringen und somit andere Kinder vor Übergriffen zu schützen. Letztendlich stellte der Kollege die Frage und die Formulierung verfehlte ihre Wirkung nicht. Der Mörder von Stephanie gestand. Er ist bereits rechtskräftig verurteilt und fristet nun sein Dasein im Gefängnis.

5

GENIALES TOOL:

MIT DER VERHANDLUNGS-MATRIX ANS ZIEL

Ich möchte Sie gern noch mit einem Tool ausstatten, das ich extra für die erfolgreiche Anwendung des Rizzo-Konzepts entworfen habe: Die Verhandlungsmatrix wird Ihnen dabei helfen, alle Bausteine meines Konzepts korrekt zu kombinieren, sodass Sie Ihr Gegenüber durchschauen und überzeugen können.

Verhandlungs- und Überzeugungsmatrix

Überzeugungshebel:			
(A) REZIPROZIZÄT (B) COMMITMENT/KONSISTENZ (C) AUTORITÄT (D) KNAPPHEIT (E) SYMPATHIE -Ähnlichkeit (E1) - Kooperation (E2) - Komplimente (E3) (F) SOZIALE BEWÄHRTHEIT	Menschen-orientiert	Erfolgs-orientiert	Rational orientiert
Persönlichkeitsstrukturen:			
1. ANANKASTISCH			
2. DISSOZIAL/ANTISOZIAL			
3. NARZISSTISCH			
Positiv			
Negativ			
4. PASSIV/AGGRESSIV			
5. SELBSTUNSICHER/ÄNGSTLICH			
6. HISTRIONISCH			
7. DEPENDENT			
8. BORDERLINE			
9. PARANOID			
10. SCHIZOID			

4. Abbildung Quelle: Sabrina Rizzo

An früherer Stelle hatte ich ja schon einmal erwähnt, dass nicht jeder Überzeugungshebel oder jede Taktik bei jedem Menschen wirkt. In Verhandlungen gilt es, auf die Individualität Ihres Gegenübers einzugehen. Dazu braucht es, wie beim Schach, viel Übung. Die Verhandlungsmatrix kann Ihnen das Training zwar nicht abnehmen, aber sie bietet Ihnen gute Anhaltspunkte und eine solide Strategie, an der Sie sich entlanghangeln können. Bevor ich Ihnen die Matrix genauer vorstelle und sie Ihnen anhand eines Fallbeispiels erkläre, möchte ich allerdings noch darauf hinweisen, dass ich mit dieser Art der systematischen Verknüpfung der einzelnen Verhandlungsbausteine keinen Anspruch auf Vollständigkeit erhebe. Phänomene wie der Othello-Fehler können darüber beispielsweise nicht abgebildet werden. Auch feinste Nuancen im Charakter eines Menschen finden sich darauf nicht wieder. Die Verhandlungsmatrix dient nicht dazu, Ihren Menschenverstand, Ihr Feingefühl und Ihre Intuition zu ersetzen. Niemand und nichts wird das jemals können – auch keine künstliche Intelligenz. Nun wissen Sie also, was die Verhandlungsmatrix *nicht* ist. Was sie hingegen ist: ein probates Hilfsmittel, das Ihren Menschenverstand, Ihr Feingefühl und Ihre Intuition unterstützt und ergänzt. Das haben mir zahlreiche meiner Klientinnen und Klienten in der Vergangenheit bestätigt, denn nicht nur ich arbeite erfolgreich mit diesem Tool.

Wie können Sie die Matrix anwenden? Dafür greifen wir noch einmal den Fall von Stephanie D. auf und lösen diesen sozusagen ein zweites Mal zusammen in der Verhandlungsmatrix. Stellen Sie sich vor, Sie sind Teil des Teams der Soko „Altfälle“. Durch monatelange Ermittlungsarbeit haben Sie umfangreiche Informationen über den Beschuldigten eingeholt und es liegt Ihnen bereits ein dezidiertes Bild zu seiner Persönlichkeit vor. Er ist ein menschenorientierter Typ, der zudem starke anankastische Züge aufweist – eine eher selten vorkommende Kombination. In der Matrix befinden wir uns folglich in der ersten, grau unterlegten Spalte, über der „Menschenorientiert“ steht. Dort wiederum gehen wir in die erste Zeile mit der Persönlichkeitsstruktur „1. Anankastisch", um diese mit den entsprechenden Überzeugungshebeln auszufüllen. Zur Erinnerung sind die wichtigsten sechs Prinzipien nach Cialdini in der linken oberen Ecke der Verhandlungsmatrix noch einmal aufgelistet. Bei einer menschenorientierten, anankastischen Persönlichkeit greifen die Hebel Commitment/Konsistenz (B), Knappheit (D) sowie Soziale Bewährtheit (F). Die Buchstabenkürzel dieser Überzeugungshebel schreiben Sie in die Zeile. Somit haben Sie erste Anhaltspunkte für die spätere Vernehmung beziehungsweise Verhandlung.

Das Prinzip Commitment und Konsistenz wendeten wir bei dem Beschuldigten an, indem wir nach und nach mithilfe der Salamitaktik erst das Wort „Kind", dann den Vornamen „Stephanie" und zuletzt den Klarnamen des Opfers einführten. Ich hatte Ihnen diese Vernehmungssituation bereits im Kapitel 2.4.2 im Kontext der Überzeugungshebel geschildert. In Sachen soziale Bewährtheit brachte einer der Vernehmer dem Beschuldigten Verständnis entgegen und bagatellisierte die Tat. Er machte ihm deutlich, dass er es in seinem Beruf permanent mit Leuten zu tun habe, die ähnlichen Sexualtrieben ausgesetzt seien. Der Vernehmer vermittelte ihm damit, nicht allein zu sein – viele würden ebenfalls so handeln wie er. Das Prinzip der Knappheit führte uns schließlich zum ersten Teilgeständnis. Bis zu diesem Zeitpunkt hatte der Beschuldigte noch behauptet, er hätte das Mädchen „nur" auf das Geländer der Teufelstalbrücke gesetzt. Dass es sich dabei um eine Lüge handelte, war sehr deutlich an der Sprachstruktur in seinen Aussagen sowie an seiner Körpersprache zu erkennen. Beispielsweise schaute er, wenn er log, immer nur einen der beiden Vernehmer an – nämlich den, der in seiner Vernehmungstaktik skeptischer wirkte und den es aus Sicht des Beschuldigten zu überzeugen galt. Ich riet also genau diesem Ermittler, eine körpersprachliche Reaktion der Ungeduld zu zeigen, die bei dem Beschuldigten den Effekt Knappheit auslöste. Dies verunsicherte ihn so sehr, dass er plötzlich sagte: „Vielleicht ist sie mir ja aus der Hand gerutscht." Dieser entscheidende Satz half uns dann im weiteren Verlauf, ein vollumfängliches Geständnis von dem Beschuldigten zu erhalten.

Für die gesamte Vernehmung machten wir uns natürlich nicht nur Cialdinis Prinzipien und meine Verhandlungsmatrix, sondern auch andere Verhandlungstechniken zunutze. So war das Wertesystem des Beschuldigten beispielsweise nicht mit Mord zu vereinbaren und er hatte große Schuldgefühle. Also musste er die Tat über Jahrzehnte vor sich selbst rechtfertigen. Sie erinnern sich an die kognitive Dissonanz und die Homöostase? Sein Drang nach Ausgleich stand in starkem Kontrast zu seinem Drang nach Freiheit. Mit einem Geständnis hatte er alles zu verlieren. Folglich brauchte es absolutes Fingerspitzengefühl dabei, ihm den Ausgleich für sein Wertesystem anzubieten – die Erleichterung seines schlechten Gewissens durch ein gerichtsverwertbares Geständnis. Das wäre ohne unsere genauen Kenntnisse zu seiner Person und Persönlichkeit nicht möglich gewesen. Ebendiese Kenntnisse führten uns auch dazu, den Vernehmungsraum so reizarm wie möglich zu gestalten. So verdeckten wir zum Beispiel eine zufällig im Vernehmungsraum stehende karierte Couch mit einem weißen Laken. Der Beschuldigte hätte sonst zu sehr abgelenkt werden können. Er sollte sich einzig und allein auf die Vernehmer fokussieren. Wenn Sie an dieser Stelle nun denken: „Halt, Frau Rizzo! Aber kommt man nicht mit kognitiver Überfrachtung, also zu vielen Reizeindrücken, Lügnerinnen und Lügnern auf die Spur?“, dann haben Sie hervorragend aufgepasst. Doch je nach Individuum ist es manchmal auch nötig, eine Verhandlungstaktik zu vermeiden beziehungsweise genau ins Gegenteil zu verkehren. Das meinte ich zu Beginn des Buches, als ich vom „individuellen Eingehen“ auf Ihre Gesprächspartnerinnen und -partner sprach. Hier wären wir also wieder beim Anfang: Mit wem habe ich es zu tun? Wie tickt diese Person? Worauf basiert ihr Wertesystem? …

NACHWORT

Wir sind am Ende des Buches angekommen und ich hoffe, Sie hatten beim Lesen nicht nur zahlreiche Aha-Effekte, sondern auch sehr viel Spaß. Denn in Verhandlungen zu überzeugen muss kein anstrengender Kraftakt sein. Oft nimmt es den Druck aus einer Gesprächssituation, wenn Sie sich erlauben, Fehler zu machen, und das Ganze als ein großes Spielfeld betrachten – ähnlich wie beim Schach. Ausdauer, Konzentrationsfähigkeit und Kampfgeist sind für dieses Brettspiel genauso essenziell wie für eine erfolgreiche Verhandlungsführung. Strategisches Denken und vorausschauendes Planen gehören ebenfalls dazu. Sehen Sie die Einzigartigkeit Ihrer Gesprächspartner und -partnerinnen als eine Herausforderung. Mein Rizzo-Konzept wird Sie in diesem Prozess unterstützen. Ich fasse zusammen:

Im ersten Schritt gilt es immer, die Emotionen Ihres Gegenübers zu erkennen. Achten Sie dabei auf alle Kommunikationskanäle, wie sie in Baustein 1 des Rizzo-Konzepts beschrieben sind. Nutzen Sie all Ihre Sinne. Was sagen Ihnen Mimik, Körpersprache und Proxemik über Ihre Verhandlungspartner und -partnerinnen? Welche Nuancen fallen Ihnen in der Stimme auf und welche Hinweise liefert das autonome

Nervensystem? Schwitzt mein Gegenüber und streicht sich nervös durchs Haar? Oder liegt da Trauer in den Augen, obwohl die Mundwinkel nach oben gezogen sind und ein Lächeln vortäuschen? Horchen Sie in sich hinein. Achten Sie dabei auch immer auf Ihr Bauchgefühl. Oft nehmen wir die Gefühle unserer Mitmenschen unbewusst wahr. In unserer modernen, westlichen Gesellschaft wird uns von Kindesbeinen an beigebracht, dass nur Logik und greifbare Fakten zählen. Nur die Dinge, die unser Verstand vollkommen erfassen kann, sind relevant. Aber ist das wirklich so?

Ein Formel-1-Fahrer entging nur knapp einem tödlichen Unfall, weil sein Unterbewusstsein ihm Signale sandte. Die Situation ereignete sich damals wie folgt: Der Fahrer war kurz vor dem Ziel, als ihn ein komisches Gefühl überkam. Seine körpersprachliche Reaktion auf dieses Gefühl ließ ihn langsamer werden. Genau das führte dazu, dass er noch rechtzeitig handeln konnte. Denn hinter der Kurve sah er den Unfall eines Konkurrenten. Als der Fahrer sich im Nachgang die Videoaufnahmen von den Ereignissen anschaute, stellte er fest, was hinter dem komischen Gefühl steckte, das ihn so plötzlich überkommen hatte: Er hatte unbewusst das Publikum wahrgenommen, das ihm nicht wie sonst auf der Zielgeraden zujubelte. Alle schauten stattdessen gebannt auf den Unfall. Der Formel-1-Fahrer glich also intuitiv die Situation mit seinen Erfahrungswerten ab und erkannte eine Abweichung auf der unbewussten Ebene: Seine Umgebung verhielt sich anders, als es normalerweise der Fall war. Doch noch bevor er das überhaupt bewusst erfassen konnte, sagte ihm sein Gefühl: „Achtung! Hier stimmt etwas nicht." Wahrscheinlich führte genau das dazu, dass er nicht in die Unfallstelle raste, was ihm das Leben rettete. Vielleicht erinnern Sie sich an eine ähnliche Situation aus Ihrem eigenen Leben, einen Moment, in dem Sie richtig gehandelt haben, ohne dass Sie sich erklären können, warum. Probieren Sie sich aus – beobachten Sie die Menschen um sich herum und fangen Sie an, auf Ihre Intuition zu hören. Sie werden überrascht sein, wie anders Sie Ihre Umwelt auf einmal wahrnehmen!

Im nächsten Schritt versuchen Sie zu erfassen, wer da gerade vor Ihnen steht oder sitzt. Um welchen der drei Menschentypen-Grundformen handelt es sich? Haben Sie es mit einem menschorientierten, einem erfolgsorientierten oder einem rational orientierten Typen zu tun? Oder vermischen sich in der Person vielleicht unterschiedliche Charakteristika? Welche Persönlichkeitszüge, angelehnt an die zehn Persönlichkeitsstörungen aus Baustein 2, können Sie erkennen? Zeigt Ihre Verhandlungspartnerin eher histrionische und paranoide Tendenzen oder weist Ihr Gesprächspartner ängstliche und dependente Persönlichkeitsmerkmale auf? Diese Einschätzung ist eine unabdingbare Grundlage für die Anwendung der richtigen Überzeugungshebel, die Ihnen ebenfalls im zweiten Baustein meines Konzepts begegnet sind. Darunter fallen die sechs Prinzipien Cialdinis: Reziprozität, Commitment und Konsistenz, soziale Bewährtheit, Sympathie, Autorität und Knappheit. Weitere mächtige Überzeugungshebel sind Priming und Framing. Außerdem können Sie Ihr Gegenüber gekonnt überzeugen, indem Sie sich Heuristiken, die sogenannten „Denkabkürzer“, sowie Phänomene, die auf das menschliche Gehirn wirken, wie Orientierungsreflex, Wahrheitseffekt, Primäreffekt und Rezenzeffekt, zunutze machen.

Im dritten Schritt, Baustein 3, geht es um das Erlernen und Beherrschen von Fragetechniken, die Sie zu Ihrem Verhandlungsziel führen. Denken Sie zunächst an die Gesprächsvorbereitung, für die ich Ihnen drei Regeln an die Hand gegeben habe. Achten Sie darauf, welche Sprachmodelle angebracht sind: das Milton-Modell oder das Meta-Modell der Sprache? Auf welcher Ebene kommunizieren Ihre Verhandlungspartner? Horizontal oder vertikal? Sprechen sie ausschließlich im High Talk oder begegnen Sie Ihnen konsequent in Basic Talk und Move Talk? Passen Sie Ihre eigene Kommunikation dementsprechend an. Nutzen Sie auch die von mir beschriebenen Techniken für eine zielführende Sprache. Das Reden in Bildern, das Double-Bind-Sprachmuster, das Pattern Interrupt, das Reframing sowie die kognitive

Überfrachtung sind geniale Hilfsmittel im Überzeugungsprozess. Manchmal kann es auch angebracht sein, einen forensischen Linguisten oder eine forensische Linguistin einzuschalten, um eine Person, die verdeckt mit Ihnen kommuniziert, zu analysieren. In der anschließenden Befragung beziehungsweise in dem anschließenden Gespräch stehen Sie somit insbesondere bei rechtsrelevanten Streitthemen auf einem sicheren Fundament.

Im vierten Schritt dreht sich alles um das Erkennen von Lügen und das Finden der Wahrheit. Beides ist stets eng miteinander verbunden. Achten Sie darauf, ob Ihr Gegenüber Points of Interest zeigt, also nonverbale Lügenindizien wie selbstberuhigende Grooming-Gesten oder plötzliche Bewegungen, die nicht zum Gesamtverhalten passen. Schauen Sie ihm oder ihr in die Augen. Wie reagieren diese, wenn Sie eine kritische Frage stellen? Was verrät Ihnen die Sprache Ihrer Verhandlungspartner und -partnerinnen? Finden sich darin Realkennzeichen wie beispielsweise das detailreiche und sprunghafte Erzählen von Ereignissen – ein Hinweis, dass Ihr Gegenüber die Wahrheit spricht? Oder nutzt Ihr Gesprächspartner beziehungsweise Ihre Gesprächspartnerin ausgeklügelte Taktiken, die von der Wahrheit ablenken sollen: Driftet er ständig vom Thema ab? Stimmt sie Ihnen permanent zu? Stellt er Gegenfragen, anstatt Ihre Fragen zu beantworten? Ermitteln Sie auch, wie Ihr Gegenüber eine Lüge definiert. Durch unterschiedliche Moralvorstellungen kann es verschiedene Auffassungen geben. Manch einer steckt einen Firmenkugelschreiber ein und sieht es als ein Werbegeschenk an, ein anderer versteht darunter schon Diebstahl. Fragen Sie die erste Person, wird sie einen Diebstahl authentisch und glaubwürdig verneinen, denn sie versteht den Kugelschreiber wirklich als einen Marketingartikel, den die Firma zu Werbezwecken verschenkt. Zum vierten Baustein meines Konzepts gehört es auch, den manipulativen Gebrauch von Fragetechniken bei Ihren Verhandlungspartnern und -partnerinnen zu erkennen. Diese zielen darauf ab, von der Wahrheit abzulenken und/oder das Gespräch zu steuern und in eine bestimmte Richtung zu lenken. Gibt Ihre Chefin Ihnen die Antwort mit einer Suggestivfrage vor? Stellt Ihr Vermieter verdeckte Fragen, um Ihnen Informationen zu entlocken? Lassen Sie sich nicht von der Fülle der Möglichkeiten einschüchtern. Geben Sie sich selbst Zeit. Suchen Sie sich zunächst zwei, drei Techniken aus und achten Sie darauf, wo und wann Sie diese in Ihrem Umfeld erkennen können. Mit der Zeit werden Sie merken, dass es Ihnen zunehmend leichter fällt, zwischen Wahrheit, Lüge und Manipulation zu unterscheiden.

Auch wenn Sie mein Rizzo-Konzept in diesen vier Schritten nacheinander erlernen können, so gilt es bei der Anwendung in konkreten Verhandlungen die einzelnen Bausteine so zusammenzufügen, wie es die Situation und Ihr Gegenüber gerade erfordern. Dafür braucht es natürlich viel Übung und – wie zum Anfang des Nachwortes erwähnt – Ausdauer, Konzentrationsfähigkeit und Kampfgeist. Sollten Ihnen Geduld und Energie doch einmal an entscheidender Stelle ausgehen, dann unterstütze und berate ich Sie gern auf Grundlage meiner langjährigen Erfahrung und mit meiner Verhandlungsmatrix, die ich Ihnen im letzten Kapitel vorgestellt habe. Für alle anderen alltäglichen Verhandlungssituationen habe ich Ihnen auf den letzten Seiten dieses Buches noch ein paar praktische Tipps und Literaturempfehlungen zusammengestellt. Nun bleibt mir nur noch eines zu sagen: Viel Spaß beim Durchschauen und Überzeugen Ihrer Mitmenschen!

PRAKTISCHE TIPPS UND HINWEISE

Vielen Dank für das Durchschmökern meines Buches. Auf diesen letzten Seiten möchte ich Ihnen nun noch einige praktische Tipps und Hinweise an die Hand geben, damit Sie das Rizzo-Konzept noch besser verinnerlichen und anwenden können. Deshalb liefere ich Ihnen hier für jeden Baustein meines Konzepts Lernstützen, extra Lektüretipps sowie Empfehlungen zu meinen Workshops und Seminaren.

Emotionen erkennen

- Nutzen Sie Wartezeiten an Flughäfen oder Bahnhöfen, in Cafés und Supermarktschlangen. Trainieren Sie immer, wenn Sie auf Menschen treffen. Beobachten kann – bisweilen auch ohne zu üben – recht spannend sein. Wenn Sie die Gelegenheiten dann noch nutzen, um Ihre Wahrnehmung im Bereich der menschlichen Emotionen zu professionalisieren, bringt Sie das deutlich weiter.
- Partnerübung: Setzen Sie sich einer Person gegenüber und reden Sie mit ihr. Dieser Mensch hat die Aufgabe, Sie

anzuschauen, dabei aber keine Miene zu verziehen. Er oder sie darf weder Kopf noch Körper bewegen. Zugegeben, das ist am Anfang extrem schwer. Unter Umständen müssen Sie lachen. Wenn Sie sich dann aber mitten in der Übung befinden, werden Sie feststellen, wie unangenehm es ist, wenn Sie vom Gegenüber kein Feedback erhalten. Es verunsichert Sie als Rednerin oder Redner. Sie werden auch merken, dass allein diese Reaktionslosigkeit einen erheblichen Druck auf Sie ausübt. Sie versuchen, die Situation zu retten, indem Sie mehr und mehr Informationen preisgeben.

- Meine Lektüretipps für den Einstieg: „Menschen lesen: Ein FBI-Agent erklärt, wie man Körpersprache entschlüsselt“ von Joe Navarro; „Körpersprache des Erfolgs“ von Samy Molcho; „Gefühle lesen: Wie Sie Emotionen erkennen und richtig interpretieren“ von Paul Ekman.

Persönlichkeitstypen und Überzeugungshebel

- In meinen Workshops zu diesem Baustein gebe ich den Teilnehmenden folgende Aufgabe: Stellen Sie sich eine alltägliche Situation vor. Zum Beispiel geben Sie jemandem die Aufgabe, für Sie noch schnell im Supermarkt etwas einzukaufen, bevor dieser in wenigen Minuten schließt. Oder Sie bitten jemanden, Ihren sehr wichtigen Brief noch bei der Post aufzugeben, die gleich schließt. Nun sollen die Teilnehmenden sich die Antworten und das Verhalten der einzelnen Persönlichkeitstypen und -störungen vorstellen. Gehen Sie die Liste durch. Wie würde wohl eine ängstlich-unsichere Person darauf reagieren? Und wie eine antisoziale? Wo liegt der Unterschied in der Reaktionsweise zwischen dem paranoiden und dem passiv-aggressiven Typen? Blättern Sie gern zurück und schauen Sie sich die wesentlichen

Merkmale dieser Persönlichkeitsstörungen an. Was würden diese Personen wohl erwidern und wie stellen Sie sich ihre Körpersprache vor? Das Ergebnis wird normalerweise im Workshop besprochen. Da wir Ihre Übung hier aber nicht auswerten können, sollten Sie Menschen beobachten und sich fragen, wo Sie das Verhalten und den Sprachgebrauch dieser Personen verorten können. Gehen Sie die einzelnen Typen durch und entwickeln Sie ein Gefühl dafür. Danach definieren Sie und beobachten das Verhalten. Zugegeben, auch das ist keine leichte Übung. Doch so werden Sie sukzessive besser im Erkennen.

- An dieser Stelle möchte ich Ihnen noch das Vertrauen in diese Übung und in das Analysieren von Persönlichkeitstypen generell mitgeben. Als ich vor über zehn Jahren damit begann, die Kunst des Menschenlesens zu erlernen, sagte ein Kollege aus dem Trainingsbereich der Luftsicherheit zu mir: „Kannst du mit deinen Feststellungen nicht auch total danebenliegen?" Ich antwortete mit „Ja". Daraufhin gab er zu bedenken: „Das wäre mir zu gewagt." Nun erwiderte ich: „Wie gewagt verhältst du dich denn im Moment als Laie?" Falscher als ohne (Eigen-) Studium können Sie nicht liegen. Was ich damit sagen will: Alles, was Sie dazulernen, bringt Sie an das Ziel, irgendwann selbst eine Verhandlungs- und Verhaltensexpertin beziehungsweise ein -experte zu sein. Scheuen Sie sich also nicht davor, auch einmal falschzuliegen. Es kann nur besser werden!
- Meine Lektüretipps: „Persönlichkeitsstile: Wie man sich selbst und anderen auf die Schliche kommt" von Rainer Sachse; „ICD-10: Internationale Klassifikation psychischer Störungen" von Horst Dilling, Werner Mombour und Martin H. Schmidt (Hrsg.); „Der Gaslight-Effekt: Wie Sie versteckte emotionale Manipulation erkennen und abwenden" von Dr. Robin Stern; „Psychologie und Manipulation – Reading People: Menschen

lesen & Psychologie im Alltag nutzen für mehr Erfolg. Das wahrscheinlich letzte Psychologie-Buch, das Sie lesen werden" von Athina Crane; „Weiblicher Narzissmus: Der Hunger nach Anerkennung" von Bärbel Wardetzki; „Psychologie der Massen" von Gustave Le Bon; „Die Psychologie des Überzeugens: Ein Lehrbuch für alle, die ihren Mitmenschen und sich selbst auf die Schliche kommen wollen" von Robert B. Cialdini.

Fragetechnik anwenden

- Legen Sie sich einen reichhaltigen Wortschatz zu. Erweitern Sie Ihr Wissen dabei strategisch. Nehmen Sie sich mithilfe von Synonymwörterbüchern und Sprichwortlexika jeweils ein neues Wort, ein neues Sprichwort oder ein anderes neues sprachliches Stilmittel pro Woche vor. Binden Sie dieses Wort immer dann ein, wenn es möglich ist.
- Lernen Sie, Redepausen nicht nur auszuhalten, sondern zu schätzen. Die anfangs unangenehm wirkende Stille birgt Potenzial. Üben Sie in einem sicheren Rahmen mit einem Freund oder einer Freundin, nicht immer sofort zu antworten. Lassen Sie einfach einmal ein paar Sekunden vergehen.
- Versuchen Sie, negative Wörter und Aussagen durch positive zu ersetzen. Zum Beispiel: „Das Essen war nicht schlecht" versus „Das Essen hat sehr gut geschmeckt". Oder: „Das ist kein Problem" versus „Das ist herausfordernd, aber lösbar". Unterhalten Sie sich mit jemandem über Ihren Tag und versuchen Sie, Ihre Sprache dem oben genannten Tipp anzupassen. Sie werden feststellen, wie schwierig es sein kann, positiv zu bleiben. Eine Klientin sagte einmal zu mir: „Frau Rizzo, wenn ich zehn Minuten mit Ihnen gesprochen habe, dann sieht die Welt so leicht aus und ich habe das Gefühl, dass meine Probleme im Grunde überhaupt keine sind." Woran das wohl liegt? A) Ich

habe ein grundsätzlich anderes Mindset. Probleme sind beispielsweise lediglich Herausforderungen, die es zu meistern gilt. B) Ich verwende nur positives Vokabular. Probieren Sie es!

- Meine Lektüretipps: „Dunkle Rhetorik: Manipuliere, bevor du manipuliert wirst!“ von Wladislaw Jachtchenko; „Politisches Framing: Wie eine Nation sich ihr Denken einredet – und daraus Politik macht“ von Dr. Elisabeth Wehling.

Wahrheitsfindung und Lügenerkennung

- Partnerübung: Suchen Sie sich eine Person, die sich Ihnen gegenüberstellt und in einer ihrer beiden Hände verdeckt einen Zettel hält. Sie dürfen vorher nicht sehen, in welcher Hand er oder sie das Stück Papier versteckt. Im ersten Schritt versuchen Sie, durch eine Befragung herauszufinden, wo der Zettel ist. Zunächst stellen Sie einfache, unkritische Fragen (zum Beispiel: „Wie alt bist du? Wo bist du aufgewachsen?“) und überprüfen damit die Baseline Ihres Gegenübers. Dann fragen Sie plötzlich: „Ist der Gegenstand in der linken Hand?“ Es folgt ein Nein. Dann fragen Sie: „Ist der Gegenstand in der rechten Hand?“ Wieder wird ein Nein folgen. In irgendeiner Hand muss das Papier aber sein, das heißt, Ihr Gegenüber hat bei einer der beiden Fragen gelogen. Achten Sie daher auf Abweichungen von der Baseline! Dies wird Ihnen verraten, wo sich der Gegenstand befindet. Im zweiten Schritt ermitteln Sie ausschließlich anhand der Körpersprache, in welcher Hand der Zettel ist. Die Person legt die Hände auf den Tisch und Sie beobachten die Körperspannung ganz genau. Denn meist ist es so, dass die Hand, in der sich der Gegenstand befindet, fester zugedrückt wird. Ein weiteres Indiz ist es, wenn eine Hand weiter zurückgezogen ist. Dabei handelt es sich womöglich nur um Millimeter. Die Hand mit dem Zettel liegt minimal näher am Körper, weil Ihr Gegenüber Ihnen die leere Hand unbewusst „unter die Nase reiben" möchte. Probieren Sie es einfach mal aus!

- Mein Lektüretipp: „Erkenne den Lügner: CIA-Agenten verraten, wie man Lügen erkennt und die Wahrheit herausfindet" von Philip Houston, Michael Floyd, Susan Carnicero und Don Tennant.

Wahrnehmung schulen

- Um die Wahrnehmung zu schärfen, gibt es zwei ganz tolle Übungen, die bei meinen Workshop-Teilnehmenden immer sehr gut ankommen. 1. Setzen Sie sich zu viert gegenüber. Dabei hat jede und jeder eine Partnerin oder einen Partner. Stellen Sie sich vor, Sie würden zum Beispiel gerade mit einem befreundeten Pärchen zu Abend essen. Sie sprechen nur mit der Person genau gegenüber von Ihnen, während sich das andere Pärchen ebenfalls miteinander unterhält. Nun hat das andere Pärchen die Aufgabe, irgendwann Ihren Namen zu nennen. Sie werden sofort bemerken, wie schwer es Ihnen fällt, beim Thema zu bleiben. Denn soeben hat Sie der Cocktaileffekt erwischt. Ihr Gesprächspartner oder ihre Gesprächspartnerin wird, wenn er oder sie gut im Beobachten ist, feststellen, dass Sie in dem Moment, als Ihr Name fiel, kurz zur Seite geschaut haben. Diesen Reiz können Sie nicht unterdrücken.
- Die zweite Übung erfolgt ebenfalls zu viert, gern in der gleichen Personenkonstellation. Nun ist es Ihre Aufgabe, mit der Ihnen gegenübersitzenden Person zu diskutieren. Gleichzeitig müssen Sie beobachten, wann die Person, die Ihnen schräg gegenübersitzt, sich bewegt: „Wie bewegt sie sich und was genau hat sie bewegt? Hat die Hand gezuckt? Hat sie

gerade gelacht? Hat Sie ein Bein über das andere geschlagen? All das benennen Sie, während Sie sich mit Ihrem Gesprächspartner oder Ihrer Gesprächspartnerin weiter unterhalten. Damit trainieren Sie nicht nur die Wahrnehmung Ihrer Umgebung und Ihr peripheres Blickfeld, sondern Sie trainieren auch die erweiterte Nutzung Ihrer kognitiven Ressourcen.

– Erhalten Sie anonyme Schreiben? Haben Sie in Ihrem Unternehmen eine wichtige Position zu besetzen? Steht eine entscheidende Verhandlung für Sie an oder möchten Sie einfach lernen, nicht länger von anderen manipuliert zu werden? Auf meiner Website https://www.rizzogroup.de/termine finden Sie Angebote zu Workshops, Intensivtrainings sowie individuellen Coaching-Sessions rund um das Thema Profiling. Auch die einzelnen Bausteine meines Rizzo-Konzepts bringe ich Ihnen in Gruppen- oder Einzelschulungen gern näher. Wo ich nun schon gerade bei der Eigenwerbung bin, möchte ich auf ein Thema hinweisen, das mir ganz besonders am Herzen liegt: Im Buch konnten Sie ja an der einen oder anderen Stelle schon herauslesen, dass Frauen in unserer Gesellschaft von Kindesbeinen an andere Voraussetzungen für Verhandlungen mitbekommen. Deshalb habe ich es mir zur Aufgabe gemacht, Extra-Workshops anzubieten, an deren Ende weibliche Verhandlungsexpertinnen stehen (zum Beispiel in Sachen Talk-Ebenen). Bei Interesse senden Sie gern eine Anfrage über meine Website!

DANKSAGUNG

Ich möchte in erster Linie meiner Großmutter danken. Sie ist meine Großmeisterin im Menschenlesen. Sie erstaunt mich bis heute mit ihrer präzisen und zugleich stillen Art, Menschen in Sekunden zu durchschauen. Gleichwohl beherrscht sie es, diese Erkenntnisse in wenigen Worten so zu verpacken, dass es die Gelesenen nicht diffamiert. Sie sagt immer: „Jeder Mensch hat seinen Charakter." Das bedeutet, dass wir Menschen so akzeptieren sollen, wie sie sind. So lässt sie jeden, den sie liest, sein, wie er ist, verurteilt und beurteilt nicht. Sie schweigt lieber und gibt nur selten hier und da einen leisen Hinweis. So auch im Fall eines kleinen Mädchens, das sie bei einer Feierlichkeit kennenlernen durfte. Sie hatte kaum mit dem Mädchen zu tun und sagte mir dann: „Schau, dieses Kind braucht Medizin. Ohne Medizin wird es nicht heilen." Das war zu einem Zeitpunkt, als noch keiner wusste, noch nicht einmal die Eltern, was mit dem Kind ist. Bis mich die Eltern ein paar Monate später anriefen und sagten, sie hätten nun eine Diagnose: „Unser Mädchen nimmt jetzt Medikamente."

Meine Großmutter weiß nicht genau, was ich beruflich mache. Das liegt nicht zuletzt daran, dass ich sie mit ihren nahezu 91 Jahren nicht besorgt machen will. Doch vor nicht allzu langer Zeit fragte ich sie: „Nonna, wie machst du es, Menschen zu lesen, ohne sie überhaupt richtig zu kennen, geschweige denn sie über längere Zeit anzusehen? Woher weißt du um die Dinge, die sich erst in der Zukunft zeigen?" Daraufhin sagte sie mir etwas, das mir heute noch eine Gänsehaut bereitet: „Du musst in ihre Augen blicken, Kind!" Ich war sprachlos, und als ich wieder sprechen konnte, erklärte ich Nonna, das sei genau das, was ich beruflich mache. Ich schaue Menschen ins Gesicht und vor allem in ihre Augen.

Danken möchte ich auch meiner Mutter, die mich mit einem ziemlichen Sturkopf ausgestattet hat. Sie ist eine Kämpferin der besonderen Art, die mir von klein auf schon gezeigt hat, was es heißt, nie aufzugeben. Es sind immer noch keine leichten Zeiten für Frauen, die sich bis an die Spitze ihrer Profession vorkämpfen. Ich danke dir für das Rüstzeug, das du mir mitgegeben hast, um durchzuhalten und ebenfalls nicht aufzugeben.

Lassen Sie mich noch einer weiteren Person in meinem Herzensumfeld Danke sagen, ohne die dieses Buch zu diesem Zeitpunkt nicht entstanden wäre. Sie war da, legte ihre Hand auf meine Schulter und sagte: „Es wird Zeit, schreib ein Buch, in dem alles steht, was es braucht, um Menschen so lesen zu können, wie du es tust. Ich unterstütze dich und ich bin an deiner Seite." Und nun halten Sie dieses Buch in Ihren Händen. Anita, ich danke auch dir.

Ich danke Sissi für den Glauben an mein Talent und Kirsten für ihr Vertrauen, dass es dieses Werk irgendwann geben wird.

Liebe Frau Reineke, auch Ihnen als meiner Agentin möchte ich Dank aussprechen. Sie sind so herrlich hamburgisch. Nich lang schnacken, Kopp in Nacken ... und siehe da: Es ist ein Buch!

Mein vorletzter Dank geht an das Team der PLASSEN Buchverlage: Herr Grebe und Herr Rosenkranz, vielen Dank für Ihre Einschätzung, dass es ein solches Buch in dieser Form noch nicht auf dem Markt gab.

Mein letzter Dank geht an Sie, liebe Leserin und lieber Leser. Danke für das Interesse an meinem Konzept. Wenn ich alles richtig gemacht habe, dann, so hoffe ich, können Sie viel von dem umsetzten, was ich Ihnen mit diesem Werk an die Hand gegeben habe. Das ist mein Dank an Sie.

ENDNOTEN

1 Augenzugangshinweise sind kurze, unbewusste Bewegungen der Augen in verschiedene Richtungen, die Aufschluss darüber geben, ob jemand Erinnerungen abruft oder gerade eine Lüge ersinnt.

2 https://www.paulekman.com/resources/universal-facial-expressions/

3 https://www.spektrum.de/lexikon/psychologie/carpenter-effekt/2719

4 Spiegelneuronen wurden erstmals 1992 durch di Pellegrino et al. nachgewiesen, aber erst einige Jahre später durch Forscher der Universität Parma detaillierter untersucht. 1996 führten die Neurowissenschaftler Giacomo Rizzolatti, Vittorio Gallese, Leonardo Fogassi und Luciano Fadiga empirische Experimente an Schweinsaffen durch, um zu erfahren, wie Säugetiere verschiedene Handlungen planen und durchführen. Dafür setzten sie Elektroden in den prämotorischen Cortex der Affenhirne ein. Aufgrund eines Zufalls entwickelte sich die Studie jedoch in eine gänzlich andere Richtung. Während einer Versuchspause griff einer der Wissenschaftler nach Affenfutter, das sie für ihre Experimente nutzten. Ein immer noch an Elektroden angeschlossener Makak beobachtete ihn dabei und in seinem Gehirn feuerten genau die Neuronen, die sonst aktiv waren, wenn der Makak selbst nach Futter griff. Zunächst glaubte das Team um Giacomo Rizzolatti, dass es sich um einen Irrtum handele, und sie wiederholten das Experiment mehrere Male. Doch sie kamen immer wieder zum gleichen Ergebnis. Die motorischen Nervenzellen der Schweinsaffen waren nicht nur bei eigener Handlungsausführung aktiv, sondern auch, wenn die Affen andere nur beobachteten. Daher nannten

die Forscher diese Neuronen Spiegelneuronen. Drei Jahre später wurde dann durch William Hutchison an der University of Toronto das erste Spiegelneuron beim Menschen entdeckt. Siehe auch: https://edoc.ub.uni-muenchen.de/28376/7/Vorbeck_Maria_Magdalena.pdf, https://books.google.de/books?id=MHB2HJNnjRoC&pg=PA59&lpg=PA59&dq=Di+Pellegrino+wissenschaftler&source=bl&ots=9-93hUssX_&sig=ACfU3U1JxBTp93g5jW5WzD5TzHZYE_1RFA&hl=de&sa=X&ved=2ahUKEwjA8tfT1_P4AhWPQvEDHYURBXUQ6AF6BAg0EAM#v=onepage&q=Di%20Pellegrino%20wissenschaftler&f=false und https://www.studysmarter.de/schule/psychologie/grundlagendisziplinen-der-psychologie/spiegelneuronen/

5 https://www.studysmarter.de/schule/psychologie/grundlagendisziplinen-der-psychologie/spiegelneuronen/

6 https://dorsch.hogrefe.com/stichwort/spiegelneurone

7 https://metatheorie-der-veraenderung.info/wpmtags/somatische-marker/

8 Ein Stimulus ist ein Reiz, „der eine Klasse von Verhaltensweisen auslöst oder in Gang bringt“. Siehe: https://dorsch.hogrefe.com/stichwort/stimulus

9 DISG steht für vier Persönlichkeitsgrundtypen (Dominant, Initiativ, Stetig, Gewissenhaft), die mithilfe eines auf Selbstbeschreibung beruhenden Persönlichkeitstests ermittelt werden, siehe: https://www.disg-modell.de/ueber-disg/einfuehrung/
Big Five ist ein weiteres Standardmodell in der Persönlichkeitsforschung. Bei diesem Test gibt es fünf Persönlichkeitsgrundtypen (Offenheit, Gewissenhaftigkeit, Extraversion, Verträglichkeit, Neurotizismus), siehe: https://www.lw.uni-leipzig.de/wilhelm-wundt-institut-fuer-psychologie/arbeitsgruppen/persoenlichkeitspsychologie-und-psychologische-diagnostik/persoenlichkeitstest
Das Myers-Briggs-Modell unterscheidet zwischen 16 Persönlichkeitstypen, die auf der psychologischen Typenlehre von Carl Gustav Jung basieren, siehe: https://eu.themyersbriggs.com/de-DE/tools/MBTI/MBTI-personality-Types

10 Wie genau Persönlichkeitsmerkmale einzuordnen sind, dazu gibt es in der Fachwelt stark abweichende Meinungen. Ich orientiere mich hier vor allem an dem Bereich der Heilpädagogik, wo man von angeborenen und erworbenen Beeinträchtigungen sowie einer schrittweisen Entwicklung der Persönlichkeit ausgeht.

11 Dilling, Horst; Mombour, Werner; Schmid, Martin H. (Hrsg.): „ICD-10. Internationale Klassifikation psychischer Störungen. ICD-10 Kapitel V (F) Klinisch-diagnostische Leitlinien“. WHO und Hogrefe. 10., überarbeitete Auflage. 2015.

12 In der Fachliteratur gibt es viele unterschiedliche, teils gar einander widersprechende Definitionen zum Begriff der Persönlichkeitsstörung. Ich beziehe mich in meinem Buch auf die Definition nach Prof. Dr. Rainer Sachse: *„... Forschungen in den letzten zwanzig Jahren kommen zu dem Schluss, dass die Störungen, die allgemein als Persönlichkeitsstörungen bezeichnet – und aufgrund bestimmter Kriterien auch so diagnostiziert werden –, eines nicht sind: Persönlichkeits-Störungen. Ursprünglich hatte man angenommen, dass diese Störungen tief greifende Störungen der Gesamtpersönlichkeit seien. Man ging davon aus, dass die Störungen tief greifend sind, weil sie in frühen Entwicklungsstadien entstehen und mehr oder weniger alle Bereiche der Persönlichkeit betreffen. Inzwischen zeigen Analysen jedoch, dass Persönlichkeitsstörungen im Kern Störungen der Interaktion, der Beziehung oder der Beziehungsgestaltung, also Beziehungsstörungen sind."* Ebenso wie Prof. Dr. Sachse bleibe ich in meinem Buch dennoch bei der Terminologie „Persönlichkeitsstörungen", da diese in allen gängigen Diagnosesystemen (wie dem ICD-10) weiterhin so bezeichnet werden. Aus: Sachse, Rainer: „Persönlichkeitsstörungen verstehen. Zum Umgang mit schwierigen Klienten". Psychiatrie Verlag. Köln. 10. Auflage. 2014, korrigierter Nachdruck 2018. S. 11–12.

13 Bei den vier Prozent handelt es sich um einen Schätzwert, der nicht belegbar ist, aber verlässlich erscheint. In der Fachliteratur wird er im DSM-5, dem diagnostischen und statistischen Leitfaden psychischer Störungen der USA („Diagnostic and Statistical Manual of Mental Disorders"), genauso verwendet wie in den wissenschaftlichen Arbeiten des Psychologen und Verhaltensforschers David T. Lykken oder des Psychologen und Neurowissenschaftlers Niels Birbaumer.

14 Siehe auch: https://www.icd-code.de/icd/code/F60.-.html

15 „Psychopathologischer Begriff; bezeichnet ein beobachtbares Verhaltensmuster als Ausdruck eines subjektiv empfundenen Gefühlszustandes (Emotion). Geläufige Beispiele für Affekt sind Traurigkeit, Freude und Wut. Im Gegensatz zur Stimmung als ausgedehnteres und überdauernderes emotionales ‚Klima' bedeuten Affekte eher fluktuierende Änderungen des emotionalen ‚Wetters'. Was als normaler Bereich des Ausdrucks von Affekten angesehen wird, variiert beträchtlich sowohl innerhalb von Kulturkreisen als auch zwischen diesen. Störungen der Affekte umfassen: Abgestumpft: Die Intensität des emotionalen Ausdrucks ist stark vermindert, Eingeschränkt oder eingeengt: Bandbreite und Intensität des emotionalen Ausdrucks sind leicht herabgesetzt, Flach: Merkmale des affektiven Ausdrucks fehlen gänzlich oder beinahe ganz, Inadäquat: Es besteht eine deutliche Diskrepanz zwischen affektivem Ausdruck und Inhalt von Rede und Vorstellung, Labil: Abnorme Variabilität der Affekte mit wiederholten, schnellen und abrupten

Wechseln im affektiven Ausdruck." Definition aus: https://lehrbuch-psychologie.springer.com/glossar/affekt

16 Siehe: https://magazin.audible.de/stefanie-stahl-interview-selbstfuersorge/ *„Überangepasste haben meist kein gutes Selbstwertgefühl. Sie haben gelernt: So, wie ich wirklich bin, mit meinen Wünschen und meinem Willen, stoße ich nicht auf Anerkennung bei meinen Eltern. Darum haben sie innere Glaubenssätze wie: ‚Ich muss mich anstrengen, um zu gefallen.' Oder: ‚Ich bin nicht wichtig.' Diese Glaubenssätze sind die Sprache ihres Selbstwertgefühls. Das muss man sich bewusst machen. Im zweiten Schritt können Betroffene sich klarmachen, dass diese Glaubenssätze nicht zu ihnen gehören, sondern zu ihren Eltern. Diese Sätze sind also willkürlich."*
– Stefanie Stahl, Psychotherapeutin

17 https://www.manager-magazin.de/harvard/fuehrung/narzissmus-in-deutschen-fuehrungsetagen-die-jungbullen-kommen-a-0ee3251e-0002-0001-0000-000177064950

18 Zwei großartige Buchtipps: „Weiblicher Narzissmus: Der Hunger nach Anerkennung" von Bärbel Wardetzki und „Der Gaslight-Effekt: Wie Sie versteckte emotionale Manipulation erkennen und abwenden" von Dr. Robin Stern. Die Psychotherapeutin Wardetzki erklärt in ihrem Buch die wesentlichen Unterschiede zwischen weiblichem und männlichem Narzissmus. Dabei ist zu beachten, dass der weibliche Narzissmus nicht nur von Frauen gelebt wird und der männliche nicht nur von Männern. Die unterschiedliche Darbietung beider Formen sorgte bei mir für so einige Aha-Effekte. In „Der Gaslight-Effekt" untergliedert Stern den Narzissmus ebenfalls in verschiedene Formen und beantwortet viele Fragen, die sich im Umgang mit Narzisstinnen und Narzissten stellen. So geht er beispielsweise auf den vulnerablen oder fragilen Narzissmus ein, der verdeckt auftritt und sehr geschickt angewandt wird.

19 Diese Kategorie (F63.-) des ICD-10 umfasst Krankheitsbilder mit *„wiederholten Handlungen ohne vernünftige Motivation, die nicht kontrolliert werden können und die meist die Interessen des betroffenen Patienten oder anderer Menschen schädigen. Der betroffene Patient berichtet von impulshaften Verhalten. Die Ursachen dieser Störungen sind unklar (...)"*, siehe: https://www.icd-code.de/icd/code/F63.-.html

20 https://dorsch.hogrefe.com/stichwort/kognitive-dissonanz

21 https://lexikon.stangl.eu/30/homoeostase

22 Cialdini Robert B.: „Die Psychologie des Überzeugens. Ein Lehrbuch für alle, die ihren Mitmenschen und sich selbst auf die Schliche kommen wollen". Verlag Hans Huber, Hogrefe AG, Bern. 6., vollständig ergänzte und überarbeitete Auflage. 2010. S. 20–24.

23 A. a. O., S. 20–21.

24 Ich selbst habe die 36 Powerfragen aus Ronny Welzels Buch „Hack the Mind". Sie können diese aber auch leicht online finden, wenn Sie nach Arthur Aron suchen. Hier aus: Welzel, Ronny: „Hack the Mind. Die Kunst der verdeckten Hypnose und Manipulation". Eigenverlegt unter „Elymas Hypnose". 2018. S. 270 ff.

25 Siehe https://www.spektrum.de/lexikon/psychologie/heuristiken/6524

26 Siehe https://lexikon.stangl.eu/4713/verfugbarkeitsheuristik

27 Siehe https://www.spektrum.de/lexikon/psychologie/repraesentativitaetsheuristik/12898

28 Siehe https://lexikon.stangl.eu/5691/ankereffekt

29 Kahneman, Daniel: „Schnelles Denken, langsames Denken". Pantheon. München. 2014. S. 157.

30 Siehe https://www.spektrum.de/lexikon/psychologie/priming-effekt/11826 und https://dorsch.hogrefe.com/stichwort/priming

31 Die Framing-Forschung wird im Bereich der Psychologie, der Sozialwissenschaften und der Kommunikationswissenschaften betrieben. Es gibt keine singuläre, dominierende Theorie dazu und der Frame-Begriff wird in einer Reihe sehr unterschiedlicher Arbeiten und Studien verwendet. Die hier verwendete Definition stammt aus der Medientheorie von der Website: https://medienkompass.de/was-ist-framing-und-wie-beeinflusst-es-mich/

32 Siehe auch: https://dorsch.hogrefe.com/stichwort/orientierungsreaktion

33 Der britische Kognitionswissenschaftler Colin Cherry (1914–1979) sprach 1953 erstmals vom Cocktailparty-Phänomen, bei dem das menschliche Gehirn eine Höchstleistung erbringt: Es verarbeitet sowohl bewusst als auch unbewusst aufgenommene Reize – relevante Informationen, wie der eigene Name, werden nicht nur im direkten Gespräch, sondern auch aus Geplapper im Hintergrund wahrgenommen. Die hohe Relevanz des eigenen Namens lässt sich übrigens auch in Verhandlungsgesprächen wunderbar einsetzen. Lassen Sie an signifikanter Stelle den Namen Ihres Gegenübers mit einfließen und Sie können sich sicher sein, die volle Aufmerksamkeit zu bekommen! Siehe auch: https://www.spektrum.de/lexikon/neurowissenschaft/cocktail-party-effekt/2294 und https://www.spektrum.de/magazin/hoeren-am-limit/1116345

34 Hoffmann, Jens: „Menschen entschlüsseln. Ein Kriminalpsychologe erklärt, wie man spezielle Analyse- und Profiling-Techniken im Alltag nutzt". mvg Verlag. München. 5. Auflage 2017.

35 https://www.sueddeutsche.de/wissen/psychologie-in-den-kopf-gehaemmert-1.4507778

36 https://www.deutschlandfunknova.de/beitrag/psychologie-unser-gehirn-interpretiert-wiederholungen-als-wahrheit

37 Als Chemtrails werden Kondensstreifen am Himmel bezeichnet, die laut einer Verschwörungstheorie aus den 1990er-Jahren nicht von in großen Höhen kondensierten Flugzeugabgasen stammen, sondern auf die absichtliche Ausbreitung von Chemikalien zurückzuführen sind.

38 https://digitale-resilienz.org/publikationen/digitale-resilienz-in-der-mediennutzung/

39 https://lexikon.stangl.eu/4882/primacy-effect-effekt

40 https://lexikon.stangl.eu/4884/recency-effect/

41 Der Othello-Fehler ist benannt nach dem Charakter in William Shakespeares Tragödie „Othello". Othello bezichtigt seine Frau Desdemona des Ehebruchs, weil er das bestickte Taschentuch eines anderen Mannes bei ihr findet. Das Taschentuch wurde ihr untergeschoben und sie beteuert völlig außer sich und in Panik wortreich ihre Unschuld. Ihr Gatte interpretiert ihre Angst als Beweis einer Lüge und erdrosselt Desdemona daraufhin aus übertriebener Eifersucht. Siehe: https://lexikon.stangl.eu/14688/othello-effekt

42 Eine Affirmation (aus dem Lateinischen: „Versicherung", „Beteuerung") ist eine Bejahung, Zustimmung oder positive Bewertung einer Person, Situation oder Handlung. Viele Menschen nutzen selbstbejahende Sätze, um ihre Gedanken vom Negativen ins Positive zu wenden und den positiven Teil ihres Selbstkonzepts zu aktivieren. Es gibt allerdings auch Studien, die besagen, dass solche bekräftigenden Sätze nicht jedem helfen und unter Umständen gar schaden können. Mehr dazu finden Sie unter: https://de.wikipedia.org/wiki/Affirmation#Psychologie, https://www.spektrum.de/lexikon/psychologie/self-affirmation/14033 und https://lexikon.stangl.eu/2229/affirmation

43 Die Theorie, dass man mit Sprache Einfluss auf das Gehirn nehmen kann, stammt aus dem NLP (Neuro-Linguistisches Programmieren). Die diversen Kommunikations- und Hypnosetechniken des NLP gehören seit Jahren zum erfolgreichen Repertoire vieler Psychotherapeutinnen und -therapeuten. Siehe auch: https://www.echtesnlp.de/nlp/was-ist-nlp oder https://www.kikidan.com/nlp/das-metamodell-der-sprache-im-nlp/

44 https://www.landsiedel-seminare.de/nlp-bibliothek/practitioner/p-06-09-sprachmuster-des-milton-modells.html und https://en.wikipedia.org/wiki/Milton_H._Erickson

45 Alfred Habdank Skarbek Korzybski entwickelte die sogenannte Allgemeine Semantik. Er argumentierte, dass niemand einen direkten Zugang zur Realität habe und der Mensch seine Umwelt immer durch den Filter des Gehirns erlebe. Weiterhin sei unser Wissen von der Welt durch das menschliche Nervensystem sowie die vom Menschen entwickelten Sprachen begrenzt. Siehe auch: https://www.nlp.at/alfred-korzybski-und-das-neurolinguistische-training und https://en.wikipedia.org/wiki/Alfred_Korzybski

46 https://www.kikidan.com/nlp/das-metamodell-der-sprache-im-nlp/

47 Die Liste mit den Dos und Don'ts stammt aus Josef Wilfings Buch „Geheimnisse der Vernehmungskunst: Die Strategien des legendären Mordermittlers". Heyne. München. 2019.

48 Deborah Tannen (geboren 1945 in Brooklyn, New York City) ist Professorin für Linguistik an der Georgetown University in Washington, D.C., sowie Autorin zahlreicher Bücher und Artikel über den Einfluss von Sprache auf Beziehungen in alltäglichen Konversationen. Ihr bekanntestes Werk „Du kannst mich einfach nicht verstehen. Warum Männer und Frauen aneinander vorbeireden" (Original: „You Just Don't Understand: Women and Men in Conversation". Ballantine Books. 1990) wurde in 31 Sprachen übersetzt und hielt sich fast vier Jahre lang auf der *New York Times*-Bestsellerliste. Siehe auch: http://www.deborahtannen.com

49 Modler, Peter: „Das Arroganz-Prinzip: So haben Frauen mehr Erfolg im Beruf". Fischer Taschenbuch Verlag. Frankfurt/Main. 2018. Siehe auch: https://www.deutschlandfunkkultur.de/mit-ignoranten-reden-warum-man-mit-argumenten-oft-nicht-100.html

50 Siehe: https://www.zeit.de/news/2022-01/05/sprach-forensik-wenn-der-text-den-taeter-verraet?utm_referrer=https%3A%2F%2Fwww.google.com

51 Nasher, Jack: „Entlarvt! Wie Sie in jedem Gespräch an die ganze Wahrheit kommen". Goldmann Verlag. München. 2019. S. 15.

52 https://brockhaus.de/ecs/enzy/article/luge-forensischen-psychologie

53 Nasher, Jack: „Durchschaut. Das Geheimnis, kleine und große Lügen zu entlarven". Wilhelm Heyne Verlag. München. 3. Auflage. 2012. S. 26.

54 Houston, Philip; Floyd, Michael; Carnicero, Susan und Don Tennant: „Erkenne den Lügner: CIA-Agenten verraten, wie man Lügen erkennt und die Wahrheit herausfindet". mvg Verlag. 1. Auflage. 2014. S. 40.

55 Der Begriff Cluster kommt aus dem Englischen und bedeutet Haufen oder Bündel. Laut dem Wörterbuchverlag Oxford Languages handelt es sich um eine „als einheitliches Ganzes zu betrachtende Menge von Einzelteilchen".

56 https://www.psychomeda.de/lexikon/realkennzeichen.html

[57] „Stammt von der englischen Redewendung „to throw someone a red herring“ (dt.: ‚jemandem einen gepökelten/roten Hering hinwerfen‘; Jagdhunde wurden durch die stark riechenden Fische gezielt von einer Fährte abgelenkt) und bedeutet sinngemäß, jemanden in die Irre zu führen.“ Siehe: https://www.quarks.de/gesellschaft/scheinargumente-hier-solltest-du-in-diskussionen-aufpassen/?fbclid=IwAR3-LtJPtMkFKRX-2BR8LGII4t0TQPv ChPCpAopE_G18cOfi83tec5ZchGSg

[58] https://www.pm-wissen.com/psychologie/a/luegt-man-wirklich-200-mal-am-tag/2873/

[59] https://lexikon.stangl.eu/6008/mentiologie

256 Seiten
broschiert
22,90 [D] / 23,50 [A]
ISBN: 978-3-86470-832-9

Simon Horton: Wie man Meinung macht

Täglich müssen wir Menschen beeinflussen und überreden – ob zu Hause oder am Arbeitsplatz. Aber das ist nicht immer einfach. „Wie man Meinung macht“ beschreibt die sechs Schritte, die Sie befolgen können, um jedermann jederzeit zu überzeugen. Dieser praxiserprobte Ratgeber des Verhandlungs-Experten Simon Horton basiert auf Erkenntnissen aus der Psychologie, der Neurowissenschaft und der Wirtschaftsforschung. Im Kern geht es darum, die Person, die Sie zu überzeugen versuchen, besser zu verstehen und dadurch eine bessere Beziehung zu ihr aufzubauen. So werden Sie erfolgreich jedermanns Meinung ändern können!

288 Seiten
broschiert
19,90 [D] / 20,50 [A]
ISBN: 978-3-86470-834-3

Jonah Berger:
The Catalyst – Der Überzeugungskünstler

Jonah Berger stellt in diesem Buch eine effektive Methode vor, wie man Veränderungen anstoßen kann. Der Schlüssel besteht nicht darin, sein Gegenüber zu etwas zu drängen, sondern die fünf Barrieren zu beseitigen, welche die andere Person vom Handeln abhalten. Diese Barrieren sind: Abwehrhaltung, Festhalten am Status quo, Distanz, zu große Ungewissheit und zu geringe Beweiskraft. Viele Fallbeispiele belegen: Diese praxiserprobte Strategie funktioniert! Mit ihr wird jeder Leser in die Lage versetzt, Veränderungen anzustoßen und voranzutreiben.

BOOKS 4 SUCCESS

160 Seiten
broschiert
14,90 [D] / 15,40 [A]
ISBN: 978-3-86470-813-8

Dr. Mario Herger: Totschlagargumente für Anfänger

Ob Corona-Impfung oder Tempolimit, Erbschaftsteuer oder Aktienrente: Debattierfreudige Zeitgenossen finden in diesen Zeiten Themen en masse. Manche perfektionieren die Kunst des Totschlagarguments – und ersticken damit die meisten Diskussionen. Floskeln von „Das haben wir schon immer so gemacht" bis hin zu „Das trifft wieder nur den kleinen Mann" begleiten uns zuhauf. Wie sie funktionieren, was man dagegen tun kann – und wie man sie im Notfall auch selber nutzt –, erklärt der Autor von „Sorry not sorry" augenzwinkernd in diesem Buch.

BOOKS4SUCCESS